Evalúa y Decide

Evaluaciones 2007

 Centro de Estudios Espinosa Yglesias

Evalúa y decide.
Evaluaciones 2007

Serie: Evaluación de leyes
Centro de Estudios Espinosa Yglesias, A.C.

CEEY Editorial
ISBN 978-607-95138-1-8

© Centro de Estudios Espinosa Yglesias, A.C.
Las Flores 64A
Col. Tlacopac
Álvaro Obregón, C.P. 01040
México, D.F.
www.ceey.org

Impreso en México

ÍNDICE

I

INTRODUCCIÓN

El proyecto de EVALUACIÓN DE LEYES es un medio del Centro de Estudios Espinosa Yglesias (CEEY), para cumplir su misión de fomentar la discusión seria de temas públicos y promover políticas más sólidas y eficaces. El Centro ha seleccionado reformas o nuevas leyes de trascendencia nacional para exponerlas al escrutinio de expertos (académicos, consultores y miembros de organizaciones civiles) que en mesas de análisis las discuten y evalúan. El propósito de estos ejercicios es influir en los tomadores de decisión para que las observaciones de los comités sean recogidas en la legislación final.

Las leyes son disposiciones de la autoridad para determinar la conducta de grupos de individuos que, por sí mismas o en combinación con otras, producen un nivel de bienestar considerado superior: son instrumentos. Desde hace cerca de medio siglo, se ha añadido a la prescripción democrática tradicional que los sujetos obligados deben participar en la elaboración de las normas, la demanda de que colectivamente (la sociedad civil organizada), e incluso a título personal, los individuos puedan influir más directamente en la legislación y, en general, en el diseño y selección de políticas públicas. Se persiguen tanto el objetivo democrático de aumentar la participación social dentro de un gobierno constitucional, como el racional-administrativo de mejorar la toma de decisiones mediante la participación y supervisión de expertos ajenos a la política profesional.

Tales esfuerzos han ido conformando la rendición de cuentas sociales, en la que individuos u organizaciones de la sociedad civil (OSC) participan directa o indirectamente en la supervisión de las actividades de las autoridades. Hasta hace poco, las acciones y mecanismos que se utilizaban eran de difusión e influencia externa, como manifestaciones, campañas de concientización, reportajes de investigación y, en otros países, «demandas de interés público». En los últimos años se ha comenzado a influir «desde dentro» con diseño participativo de políticas, presupuestación participativa, seguimiento público del gasto, supervisión y evaluación ciudadana de servicios públicos, participación ciudadana en consejos revisores, comités ciudadanos de consulta y otros.

En 2007, el CEEY organizó la revisión metódica de un conjunto de modificaciones legislativas muy importante: la reforma al artículo 6 constitucional en materia de transparencia y acceso a la información pública gubernamental, las dos iniciativas principales sobre reforma penal de este año (la de la «RED» a favor de los juicios orales y la del Ejecutivo) y la propuesta de reforma fiscal del Ejecutivo.

En cada evaluación del CEEY, el comité de expertos produce un reporte con tres elementos: una calificación numérica que refleja la pertinencia general de las iniciativas, un recuento de las principales deficiencias y una propuesta de cómo subsanar tales imperfecciones. En este libro, además de presentar el resultado de la evaluación elaborada por el comité de expertos, en cada una de las reformas evaluadas se agrega un apartado que analiza la incidencia de la evaluación realizada en el texto aprobado.

Para valorar si las observaciones de la evaluación del CEEY fueron incluidas en los textos aprobados, es importante considerar tanto si se incluyen sugerencias de modificaciones concretas al texto, como también si la valoración general del texto coincide con la aprobación o no de la propuesta. No es posible ni se pretende con ello deducir una relación de causa y efecto en la que las sugerencias de la evaluación del CEEY sean la causa y la inclusión o no de las observaciones en el texto aprobado sea el efecto, porque el contenido de las reformas es producto de múltiples factores; sin embargo, sí es posible y útil dar seguimiento a las reformas para observar la coincidencia o divergencia de las observaciones con lo aprobado, e insistir en la necesidad de que en posteriores reformas se retome la discusión de dichos aspectos.

La base de nuestras evaluaciones son los criterios generales de evaluación de leyes compilados por el CEEY, con la colaboración de especialistas, a partir de un examen cuidadoso de la literatura. La primera tarea de cada comité es formular las consideraciones que adecúan los criterios generales al caso de la legislación específica. La propuesta recibe una nota en cada uno de los rubros que dictaminan los expertos, situada entre 0 (pésimo) y 10 (excelente), donde 5 indica medianía.

El Centro procura establecer vínculos con legisladores clave para, además de hacerles llegar los reportes, sostener reuniones entre panelistas y miembros de las comisiones respectivas. Los resultados se difunden mediante conferencias de prensa, entrevistas y el contenido de la página www.ceey.org.mx.

Dos características básicas que busca el Centro en sus comités de evaluación son la aptitud técnica y la diversidad teórica o ideológica de sus integrantes. Las recomendaciones deben fundamentarse en las mejores prácticas y estudios de la actualidad, y considerar los puntos de vista más importantes sobre el tema respectivo. La deliberación colegiada es el tercer aspecto definitorio de nuestros ejercicios, que nos permite cubrir más detalles importantes, desechar algunos que parecen no serlo y justificar mejor los ya cubiertos. Las evaluaciones que organiza el CEEY son, entonces, fruto del intercambio de ideas entre expertos cuya práctica profesional y orientación intelectual es genuinamente plural.

El *Ideario* del CEEY contiene principios muy relacionados con ciertos aspectos de la legislación que evaluamos. Por ello, si bien el propósito fundamental de nuestros ejercicios es contribuir al perfeccionamiento de las leyes con recomendaciones analítica y empíricamente sólidas, nos parece muy importante enfatizar la relevancia de los siguientes conceptos porque, independientemente de su pertinencia «técnica», forman parte de la agenda de nuestra OSC para construir el país que queremos.

La posición del CEEY acerca de la reforma al artículo 6 constitucional en materia de transparencia y acceso a la información pública fue de respaldo general porque permite avanzar en un área clave del régimen democrático. Entre las precisiones que apoyamos decididamente estuvo la inclusión de los partidos políticos y los sindicatos como sujetos obligados, finalmente eliminada del dictamen de decreto. Otra supresión que lamentamos fue la del criterio de prueba de daño, según el cual la autoridad debe dirimir los casos de conflicto entre los principios de publicidad (el derecho a conocer la información pública) y la necesidad de confidencialidad (la reserva con la que se acepta tratar ciertos asuntos públicos) sopesando el posible daño y las causas de interés público que respaldarían difundir la información.

Con respecto a la reforma de justicia penal, el CEEY respalda sin reservas el establecimiento de un sistema acusatorio en nuestro país: dar vigencia plena a los principios de inmediatez, presunción de inocencia, concentración, oportunidad y publicidad en el juicio. Metas concretas son ofrecer una defensoría pública de calidad, un Ministerio Público que construya casos sólidos sobre pruebas confiables, mayor oportunidad a los inculpados para presentar pruebas y la reparación del daño a las víctimas.

En cuanto a temas fiscales, finalmente, el CEEY hace suya la conclusión fundamental del panel de evaluación de la reforma fiscal 2007: una genuina reforma que aumente satisfactoriamente los ingresos públicos (en relación a nuestra necesidad de crecimiento) requiere enfrentar los dos problemas totales del sistema: ampliar la base de contribuyentes y establecer un sistema de fiscalización efectivo. Es fundamental, también, reforzar la rendición de cuentas; tanto en los dos rubros mencionados, como en el subsistema de federalismo fiscal y en la planeación y ejecución del gasto.

II

CRITERIOS DE EVALUACIÓN DE LEYES

A. PLANTEAMIENTO GENERAL

CONSIDERACIONES PRELIMINARES

Con el proyecto de evaluación de leyes, el CEEY busca continuar su esfuerzo de escrutinio de los tomadores de decisión con el fin de fomentar una sociedad mejor informada y políticas públicas sólidas. Tal como en el proyecto *Evalúa y Decide*, con el que nos dimos a conocer, la evaluación de leyes es producto de mesas de análisis que coordina el Centro y que cuentan con la participación de académicos, consultores y miembros de organizaciones civiles.

El objetivo principal de este documento es proponer una lista de criterios generales que los comités temáticos utilicen para evaluar legislación mexicana de particular relevancia. Las fuentes son libros, artículos de revistas especializadas y trabajos y documentos oficiales disponibles en línea que tratan sobre temas relacionados: técnica legislativa, calidad de la ley, *drafting*, evaluación de la ley, mejora regulatoria, entre otros. El método consiste en presentar diversos grupos de atributos de la buena evaluación de las normas que en conjunto justifican, o hacen plausible, la selección de los criterios que el CEEY ofrece al final.

Al revisar esta literatura es fácil detectar coincidencias tanto de objetivos como de métodos en dos aproximaciones básicas: una más enfocada a cuestiones legales y de teoría jurídica (abogados) y otra que enfatiza el aspecto de política pública, los efectos que tiene la ley (abogados, economistas, sociólogos). Dado que el sentido común y bastantes fuentes acreditadas coinciden en indicar elementos suficientes para evaluar leyes adecuadamente, el énfasis en la selección final debería estar tanto en elaborar un instrumento robusto, que es relativamente sencillo, como en establecer un procedimiento convincente y de fácil aplicación. Deben considerarse cuestiones de procedimiento, como por ejemplo la pertinencia de la participación de cada evaluador en todas las etapas de la evaluación.

La propuesta del CEEY se presenta en la segunda sección; lo que sigue de ésta es una introducción a la calidad de las leyes y su evaluación.

DESCRIPCIÓN DEL OBJETO DE ESTUDIO

El principal objetivo de las leyes y regulaciones es modificar la toma de decisiones y el comportamiento de los individuos. Éstos están sujetos a restricciones al tomar decisiones, de modo que una ley, al generar ciertos incentivos, puede provocar el traslado de recursos de una actividad a otra —y con ello modificar los derechos de los individuos en áreas aparentemente independientes o el desempeño de sectores agregados. Además de la asignación de recursos, el bienestar en un sentido amplio, no pecuniario, puede cambiar también si se modifica la valuación general de objetos y conductas.

La capacidad de los legisladores de crear legislación adecuada está limitada por la complejidad y variabilidad de las relaciones sociales. La consulta de expertos tanto internos como externos al procedimiento legislativo formal es una recomendación frecuente en la literatura. Como se verá más adelante, el papel del proyecto del CEEY se inserta en una etapa de consulta, en la que la sociedad civil tiene el derecho de incidir en las políticas.

Desde hace alrededor de cincuenta años, en Europa se empezó a regular la manera en que se elaboran las leyes para hacerlas más accesibles y fáciles de comprender; pero fue hasta mediados de los años setenta y principios de los ochenta cuando se comenzaron a aplicar enfoques administrativos para mejorar la calidad sustantiva de la legislación y se produjo un movimiento para reducir la cantidad de leyes vigentes. Desde los noventa se han difundido extensamente marcos conceptuales para aumentar la calidad de la legislación. Actualmente, tanto académica como profesionalmente, la calidad de las leyes es una preocupación extendida.

En los países desarrollados —especialmente los de habla inglesa— se ha conocido como *Legistics*, y recientemente *Legisprudence*, a la ciencia de la legislación que trata del contenido de las normas jurídicas y el proceso legislativo. La implementación, efectividad y eficacia de la ley se han vuelto preocupaciones importantes de los especialistas de este campo. Esto se debe, entre otros factores, a las presiones presupuestarias que requieren leyes más económicas y mejor diseñadas, la necesidad de aumentar la aceptación de las normas —en particular el pago de impuestos— y el ascenso de la perspectiva «neoclásica» del Estado eficiente, que pugna por un aparato estatal reducido.

Se reconoce que el propósito de las guías o listas de consideraciones (*check lists*) es mejorar la calidad —formal y sustantiva— de las leyes y que en general es mejor restringir la legislación para reducir costos de transacción. No obstante, la desregulación como prioridad parece haber pasado; se reconoce que ciertos objetivos pueden justificar mucho más regulación que otros. En el reporte regulatorio más importante del gobierno irlandés, conocido como *White Paper on better regulation*[1], se mencionan los siguientes papeles o funciones de la legislación: 1) proteger y ampliar los derechos y libertades de los ciudadanos, 2) promover una sociedad igualitaria, segura y pacífica, 3) resguardar la salud y la seguridad o proteger a los ciudadanos, 4) proteger a los consumidores, empleados o grupos vulnerables, 5) promover el desempeño eficiente de los mercados, 6) proteger el ambiente y promover el desarrollo sustentable y 7) recaudar ingresos y asegurar que se usen de acuerdo con los objetivos de política. En la Constitución de nuestro país se pueden encontrar justificaciones equivalentes.

La perspectiva que más países desarrollados han adoptado para implementar el control de la legislación y en general la «mejora regulatoria» es el de la manifestación de impacto regulatorio (*regulatory impact assessment*, RIA). Se trata de un enfoque que enfatiza el objetivo de producir legislación efectiva al menor costo social posible. El RIA fue aplicado por primera vez en Estados Unidos en 1974 para calcular el efecto inflacionario de legislación secundaria aparentemente onerosa. Desde 1981, el RIA ha sido requisito para toda regulación social importante (pero en general no se aplica a legislación primaria).

En 1980, apenas dos países de la Organización para la Cooperación y el Desarrollo Económico (*Organisation for Economic Co-operation and Development*, OECD), aplicaban RIA; para 1996 eran más de la mitad. Si bien ya varios países (Alemania, Holanda, Suecia) contaban con procedimientos especiales para vigilar la calidad de la ley, en 1997 el Reporte sobre Reforma Regulatoria de la OECD recomendó a los gobiernos «integrar la manifestación de impacto regulatorio en el desarrollo, revisión y reforma de la regulación».

ANÁLISIS BÁSICO: SUPUESTOS, ASPECTOS, ETAPAS
Cualquier aproximación a la calidad de las leyes y su evaluación descan-

---

[1]   Ver Irlanda, Department of the Taoiseach.

sa en una perspectiva instrumental, en la que a) los actos legales son herramientas de política pública que posiblemente tienen efectos causales sobre la conducta, y b) dichos efectos pueden detectarse y medirse satisfactoriamente. El propósito no es probar que ciertas hipótesis son ciertas o falsas sino asegurar que:

- Los supuestos de las relaciones causales en los que se basa la regulación se presenten al legislador tan explícita y diferenciadamente como sea posible.
- La legislación se sustente en las mejores teorías e información de las que puede hacerse acopio con esfuerzos razonables.
- La justeza de las predicciones pueda examinarse luego de la implementación de las normas.[2]

Los manuales y estudios sobre evaluación y calidad de la ley suelen identificar dos componentes básicos del análisis de las leyes: el análisis legal, o de modo más general «formal», y el análisis de la efectividad y eficacia de la ley, que incluye análisis costo-beneficio y manifestaciones de impacto regulatorio. El primero consiste básicamente en examinar la ley para ver si es clara, precisa y congruente con la jerarquía de normas y con los principios de la Constitución. El segundo componente es de identificación cuidadosa de los efectos de la nueva regulación en grupos específicos de ciudadanos, en el aparato del Estado y en la sociedad en general para asegurar que se correspondan con la voluntad del legislador. Asimismo, se busca que la ley sea tan eficiente en términos de costos (costo-beneficio o costo-efectividad) como sea posible. Puede decirse que la corriente de manifestación de impacto regulatorio ha hecho más énfasis en el segundo aspecto de la evaluación, a tal punto que algunos autores definen la evaluación de las normas a partir de sus efectos o impactos.

Se acostumbra dividir la evaluación legislativa en dos tipos, según se lleve a cabo antes o después de la promulgación de la norma. El propósito de las evaluaciones prospectivas (*ex ante*) es mejorar la toma de decisiones al describir los efectos potenciales de la legislación. Por ejemplo, pueden servir para determinar una herramienta regulatoria en particular o detectar dificultades de implementación. Las evaluaciones retrospectivas (*ex post*) sirven para establecer qué pasa en realidad después que la legislación entra en vigor, y pueden ser la base para modificar estatutos (en varios países se requiere una evaluación favorable como condición

---

[2]   Luzius Mader, «Evaluation of legislation...»

para postergar la vigencia de ciertas normas conocidas como *sunset legislation*). Debe notarse que una buena evaluación prospectiva facilita mucho la elaboración de una buena evaluación retrospectiva porque, siendo específica, permite identificar bien la información relevante y buscar a tiempo la que no se tiene. Por el otro lado, la evaluación *ex post* proporciona datos y corrobora hipótesis que pueden usarse en nuevas evaluaciones *ex ante*.

RECOMENDACIONES: CARACTERÍSTICAS Y PRINCIPIOS

La evaluación de las normas debe seguir un proceso parsimonioso que la haga:

- Verificable, en particular porque señala los fundamentos, supuestos y fuentes de sus conclusiones sobre la relación entre los actos legislativos y la realidad social observable.
- Sistemática, porque analiza los aspectos relevantes tan exhaustivamente como sea posible (los efectos en particular).
- Objetiva, porque adopta métodos y consideraciones que una comunidad reconocida de expertos juzga pertinentes, sin escoger sólo los que refuerzan ciertos puntos de vista.[3]

Muchos países y organizaciones han establecido principios básicos de la legislación, de mejora regulatoria o de calidad de la ley. Pueden resumirse en:

- Necesidad. La regulación responde —de la mejor manera posible— a un problema real.
- Proporcionalidad. La extensión de la norma es la mínima que satisface los objetivos. En ciertas versiones se incluye aquí el aspecto de eficiencia: la regulación debe tener una relación razonable entre riesgos, costos y beneficios.
- Transparencia y accesibilidad. Hubo consultas con los sectores involucrados antes de la promulgación, existe material que explica la medida claramente, la regulación es de fácil consulta, su redacción es simple.
- Rendición de cuentas. Se clarifican las responsabilidades de los reguladores y los actores que se harán cargo de instrumentar la decisión. Existe un sistema efectivo de reclamos a la autoridad.
- Consistencia. La nueva legislación se inserta adecuadamente en el marco legal y regulatorio existente. Se aplican los mejores usos y métodos de otras áreas regulatorias.

---

[3] *Ibidem.*

- Identificación del problema (*targeting*) y efectividad. El propósito general y la población involucrada están identificados con precisión. Deben minimizarse los efectos colaterales. Mediante un análisis cuidadoso se concluye que se podrá hacer cumplir la ley y que ésta será observada satisfactoriamente.

B. CRITERIOS PARA EVALUAR LEGISLACIÓN

CONSIDERACIONES PRELIMINARES

Dos aspectos centrales de la evaluación legislativa son, como se mencionó arriba, que debe procurar ser exhaustiva (considerar todos los aspectos, efectos y datos relevantes) y que tanto práctica como intuitivamente se divide en elementos jurídicos y de políticas públicas. La tradición de cada país enfatiza las dos perspectivas de modo diferente pero en general los estudios reflejan las mismas ideas básicas para la preparación y evaluación de leyes.

Se advierte con frecuencia que si bien las guías de criterios son métodos para imbuir racionalidad técnica en el proceso legislativo, hay que tener siempre en cuenta que la racionalidad política difiere con frecuencia de los objetivos de legalidad o efectividad. Las leyes son resultado de compromisos entre los intereses y preocupaciones de distintos grupos y organizaciones. De otro modo: no hay ley perfecta. También debe tenerse en cuenta que la mayoría de los indicadores o consideraciones son bastante generales: una guía es un instrumento que debe ajustarse a las necesidades del caso, no un procedimiento definitivo. Finalmente, debe resaltarse la importancia de contar con datos de calidad que permitan alcanzar conclusiones confiables.

ELEMENTOS GENERALES

En 1995 la OECD publicó una guía para la toma de decisiones en materia regulatoria que se ha vuelto referencia obligada en la literatura.[4] Sus rubros son:

1 *Definición correcta del problema*
   El problema tiene que presentarse en términos precisos, con evidencia adecuada sobre su naturaleza y magnitud, y con una explicación de su origen (en general, los incentivos que enfrentan los actores relevantes).

---

4   OECD, «Recomendation of the Council...»

2 *Justificación de la acción estatal*

Debe existir evidencia suficiente que sustente la regulación. Las consideraciones básicas son la naturaleza del problema, los costos y beneficios de una instrumentación realista y las alternativas de política pública disponibles (la no acción es la primera de ellas). Los pasos 1 y 2 (el análisis detallado de fines y medios) son fundamentales para la evaluación retrospectiva.

3 *Justificación de la regulación particular*

Deben compararse alternativas de acción, tanto regulatorias como no regulatorias (no intervenir, proveer información al público, auto regulación y arreglos basados en incentivos como metas e incentivos financieros o comerciales), en las que se tome en cuenta riesgos, costos, beneficios, efectos distributivos, requisitos administrativos, etc. El análisis operativo y administrativo de la norma, que busca una instrumentación exitosa, se verifica en los criterios 2 y 3.

4 *Sustento legal de la regulación*

Toda regulación debe respetar el Estado de derecho. Debe enmarcarse apropiadamente en la legislación vigente y los principios generales de certeza, proporcionalidad y equidad. Deben especificarse las partes de la legislación actual que serán modificadas y establecerse adecuadamente la categoría de la nueva disposición.

5 *Determinación del ámbito estatal apropiado*

Debe justificarse qué nivel de gobierno es responsable de qué tarea en la instrumentación y el monitoreo de la norma. Deben establecerse procedimientos eficaces de coordinación.

6 *Comparación de costos y beneficios*

Deben calcularse los costos totales esperados y los costos específicos (para ciudadanos, organizaciones, sectores, el aparato del Estado) de cada propuesta regulatoria y las alternativas disponibles. El efecto total debe ser positivo.

7 *La distribución de costos en la sociedad debe ser transparente*

Hay que establecer explícitamente los cambios en el bienestar relativo de los grupos sociales.

8 *Claridad, accesibilidad*

La presentación de la norma debe ser tal que el público interesado pueda consultarla fácilmente y entenderla bien.

9 *Consultas*

Todos los actores relevantes (privados, públicos, de la sociedad civil organizada) deben tener la oportunidad de opinar sobre la nueva regulación. Las normas deben elaborarse de modo transparente.

10 *Explicación de cómo se conseguirá el cumplimiento de las disposiciones*

Deben estudiarse los incentivos y el marco institucional de las decisiones de los actores relevantes para asegurar que observen la ley (costos de cumplimiento y de hacer cumplir la ley, trámites). Se presentan parámetros del éxito de la norma.

A estos elementos se les añaden con frecuencia:

11 *La nueva disposición debe especificar las fuentes de los recursos extraordinarios que requiera su instrumentación*

12 *Las fases de ejecución deben calendarizarse*

13 *Debe contemplarse una evaluación retrospectiva para determinar si los objetivos se cumplen y qué tan eficientemente se cumplen*

Es claro que los criterios mencionados pueden dividirse en aspectos legales (sustento jurídico, simplicidad, accesibilidad) y de políticas públicas (proporcionalidad, factibilidad, efectividad, eficiencia, monitoreo y sanción).

PROPUESTA DEL CEEY:
CRITERIOS PARA EVALUAR LEGISLACIÓN EN MÉXICO

A partir de los criterios anteriores, las guías de mejora regulatoria de México y el Reino Unido, y los estudios más «formales» o jurídicos consultados, pueden establecerse nueve aspectos básicos de las normas que sirven como criterios para evaluar su calidad.

Para ayudar a determinar si una regulación satisface un criterio particular, se presentan algunas consideraciones de importancia variable que delinean sus aspectos principales. Debe tenerse en cuenta que tales consideraciones conforman enumeraciones parciales cuyo propósito es esclarecer satisfactoriamente —no agotar— la dimensión o criterio en cuestión.

Sabemos que algunos criterios de evaluación serán difíciles de ponderar porque en México las iniciativas suelen no tomarlos en cuenta o no hacerlos explícitos. A veces no se define el problema —y si se define no se describen su magnitud, su naturaleza o sus causas— o no se plantean las alternativas consideradas. Se trata, sobre todo, de los criterios 1, 2, 5 y 8. Por ello tendremos que hacer esfuerzos de investigación para recopilar documentos, discusiones, reportes, etc., que sustentaron la norma en cuestión y cuyos argumentos no están contenidos en la exposición de motivos. Lejos de descalificar el proyecto de inicio, esta dificultad refuerza la urgencia de aplicar un seguimiento sistemático a la legislación.

1 Definición del problema
Se describe adecuadamente la naturaleza y la magnitud de los problemas, se identifican las causas principales.
* Se determina la relación metas-medios.
* Se definen los grupos a los que afectará la norma y lo básico de su dinámica social.
* Se llevó a cabo una consulta con las principales partes interesadas (grupos ciudadanos, áreas administrativas, especialistas, etc.) y se permitió una influencia real de los consultados.

2 Alternativas y soluciones propuestas
* Se incluye una justificación de la acción estatal. Se explicitan las consecuencias en caso de que no intervenga el Estado.
* Los objetivos y efectos esperados están bien definidos.
* Es la mejor respuesta disponible. ¿Se podría enfrentar el problema con otros instrumentos? (no hacer nada, mejor la aplicación de la ley vigente, proveer información, auto regulación, incentivos, etc.).
* ¿Es adecuada la amplitud de la ley?
* De entre las alternativas jurídicas, es la mejor.
* De entre las alternativas técnicas, las acciones específicas propuestas parecen las más pertinentes.
* La regulación retoma enfoques o políticas aplicados exitosamente en circunstancias análogas (tanto en nuestro país como en el extranjero).

3 Aspectos legales
La legislación es compatible con los principios generales del Derecho, el resto de la Constitución y los tratados internacionales que obligan a México.
* La exposición de motivos es adecuada (incluye motivación, fundamentación e impacto normativo).

- Se establecen procedimientos legales justos (justicia procedimental), que garanticen los aspectos fundamentales del debido proceso, den voz a los interesarios y, de ser necesarios, creen espacios claros de mediación o negociación. Se especifican los ordenamientos jurídicos que están relacionados con la propuesta.
- Se establecen criterios de interpretación que deben guiar a la autoridad al aplicar la regulación.
- La nueva ley recoge armónicamente criterios ya expresados por los tribunales federales (la Suprema Corte en especial).
- Se consideran reglas de transición apropiadas.

4 *Simplicidad, claridad, accesibilidad*
¿El texto es claro y explicita las disposiciones?
- ¿Se especifican con claridad las reglas principales y las excepciones?
- Lenguaje:
  No existen contradicciones entre las definiciones de cada categoría
  —De ser el caso, ¿la ley modificante utiliza los mismos términos que la ley modificada?
  —¿El estilo es unívoco, breve y simple?
  —¿Resultan claramente identificados los destinatarios, ejecutores y supervisores de la norma?

5 *Impacto anticipado: costos y beneficios*
Se percibe una apreciación correcta del grado de impacto (positivo y negativo) en: grupos sociales, sectores económicos y áreas geográficas afectados.
- Es correcto el balance general de costos (de cumplimiento, administrativos, presupuestales) y beneficios (económicos, de salud, ambientales, de protección al consumidor).
- Hay una ponderación acertada de los efectos (de corto/largo plazo y directos/indirectos).

6 *Factibilidad, instrumentación y aplicación*
Factibilidad:
- Se determina cuáles serán y qué facultades tendrán los órganos ejecutivos involucrados (de ser el caso, se justifica apropiadamente su creación).
- Se precisa su relación con otros órganos.
- Se incluyen claramente disposiciones de control.
- Instrumentación y aplicación:

—Identificación expresa de los requisitos y documentos requeridos que se crean, modifican, eliminan o mantienen.

—Se fijan los tiempos de implementación.

—En general, es correcta la apreciación de requerimientos como recursos presupuestales, infraestructura física y humana, y esquemas administrativos mínimos.

—Las autoridades responsables de formular la regulación y de aplicarla deben justificar sus decisiones y rendir cuentas a la ciudadanía.

7 Congruencia presupuestaria

La regulación especifica adecuadamente la manera en que se financiará.

• Se cuenta con recursos suficientes para implementar la regulación.

8 Cumplimiento: sanciones y monitoreo

La formulación es simple y precisa.

• El número de excepciones es el mínimo posible.
• Se especifica cómo se verificará que la regulación se observe (detección de conductas ilegales).
• ¿Qué sanciones se contemplan?, ¿a quiénes, por cuáles conductas?, ¿se aclara cómo y quién las aplicará?
• ¿Las sanciones son proporcionales a las faltas?, ¿incentivan (estimulan o refrenan) realmente la conducta esperada?
• Los procedimientos para exigir el cumplimiento son claros, fáciles de identificar, accesibles y de tramitación expedita.
• ¿Se establece un mecanismo para presentar inconformidades?
• Se involucra a los poderes de vigilancia y observancia de la ley (como la policía y la procuraduría)

9 Evaluación ex post

• Se establecen los elementos a evaluar a partir de los objetivos y resultados esperados.
• Se especifica si la evaluación será parte de la ley o producto de un compromiso político.
• Se precisan los datos que se utilizarán.
• Se establecen las fechas y la manera en que se llevará a cabo la evaluación (tres años después, según recomienda la *Better Regulation Executive* del Reino Unido)
• Se establecen criterios para modificar o remplazar la norma si ésta no consigue sus objetivos.
• Aspectos a evaluar: el objetivo se ha cumplido, los impactos han sido

los esperados incluidos costos y beneficios, no se han presentado consecuencias imprevistas, todavía se requiere la intervención del Estado, la observancia de la norma es satisfactoria.

PONDERACIÓN DE LOS CRITERIOS

Los nueve criterios parecen relevantes, siendo quizá el de simplicidad y claridad el único que podría incluirse en otro (el de aspectos jurídicos). Esto se debe a que las fuentes son ejercicios que consisten en preguntas binarias: se tiene o no se tiene la cualidad, en lugar de la cualidad se tiene en un cierto grado. Es decir, se buscó identificar atributos que las normas siempre deben tener, aunque nuestros evaluadores decidan ponderarlos incrementalmente. Sentimos que los nueve aspectos que están, son. Cabe esperar que algunos que son, todavía no estén. En todo caso, el comité de evaluación determinará tanto el valor específico como la pertinencia de cada criterio de evaluación tomando en cuenta las particularidades de la ley de que se trate.

FUENTES

ATIENZA, Manuel, «Contribución para una teoría de la legislación», en Miguel Carbonell y Susana Thalía Pedroza de la Llave (coordinadores), *Elementos de Técnica Legislativa*, IIJ-UNAM, 2000. Disponible en Internet: http://www.bibliojuridica.org/libros/libro.htm?l=21

BARRAGÁN, Julia, *Cómo se hacen las leyes*, Caracas, Editorial Planeta Venezolana, 1994.

BATES, John,«Estimating the cost of legislation» y «British experience», en *Evaluation of Legislation: Proceedings of the Council of Europe's legal cooperation and assistance activities (2000-2001)*. Disponible en Internet: http://www.coe.int

BUTT, Meter, «Modern Legal Drafting», *Statute Law Review*, Vol. 23, No. 1, pp. 12-23, 2002.

CONSEJO DE LA UNIÓN EUROPEA (presidencias italiana, irlandesa y holandesa), «A comparative analysis of regulatory impact assessment in ten EU countries», reporte preparado para el *Directors of Better Regulation Group*, Dublin, mayo de 2004. Disponible en internet: http://www.betterregulation.ie

CRUZ Villalón, Pedro, «Control de la calidad de la ley y calidad del control de la ley», *Derecho Privado y Constitución*, No. 17, enero-diciembre, 2003, pp. 147-168.

GALLAS, Tito, «Evaluation in EC Legislation», *Statute Law Review*, Vol. 22, No. 2, 2001, pp.83-95.

HIERRO, Liborio, *La eficacia de las normas jurídicas*, Barcelona, Editorial Ariel, 2003.

IRLANDA, Department of the Taoisechch (Primer Ministro), «Regulating Better: A Government White Paper setting out six principles of Better Regulation» 2004. Disponible en Internet: http://www.betterregulation.ie

KARPEN, Ulrich, «Obligation to evaluate the effects of legislation on the exercise of fundamental rights» y «German Experience», en *Evaluation of Legislation: Proceedings of the Council of Europe's legal co-operation and assistance activities (2000-2001)*. Disponible en Internet: http://www.coe.int

KIRKPATRICK, Colin, David Parker y Yin-Fang Zhang, «Regulatrory impact assessment in developing and transition economies: A survey of currect practice and recommendations for further development», trabajo presentado en la Regulatory Impact Assesment Conference, CRC, Universidad de Manchester, 26-27 de noviembre de 2003. Disponible en Internet: http://www.competition-regulation.org.uk

KOPP, Raymond J., Alan J. Krupnick y Michael Toman, «Cost-Benefit Analysis and Regulatory Reform: An Assessment of the Science and the Art», *Discussion Paper 97-19*, Resources for the Future, enero de 1997. Disponible en internet: http://www.rff.org

MADER, Luzius, «Evaluation of legislation - contribution to the quality of legislation» y «Swiss experience», en *Evaluation of Legislation: Proceedings of the Council of Europe's legal co-operation and assistance activities (2000-2001)*. En Internet: http://www.coe.int

MAGNUSSON, Staffan, «Analysis and prognosis of draft legislation as an instrument to improve the acceptance of norms» y «Swedish experience», en *Evaluation of Legislation: Proceedings of the Council of Europe's legal co-operation and assistance activities (2000-2001)*. Disponible en Internet: http://www.coe.int

MARTINO, Antonio A. (director), *Manual de Técnica Legislativa*, Facultad de Derecho y Ciencias Sociales de la Universidad de Buenos Aires, 2000. Disponible en Internet: http://exwww.sp.unipi.it/dsp/didattica/Digesto/manual.html

MÉXICO, Comisión Federal de Mejora Regulatoria, portal de Internet: www.cofemer.gob.mx

MINOR Molina, José Rafael y José Roldán Xopa, *Manual de técnica legislativa*, México, Cámara de Diputados-Miguel Ángel Porrúa, 2006.

MONTORO Chiner, María Jesús, *Adecuación al ordenamiento y factibilidad: presupuestos de la calidad de las normas*, Serie de técnica legislativa II,

Madrid, Centro de Estudios Constitucionales, 1989.

MORA-DONATTO, Cecilia, «Teoría de la legislación», capítulo 3 de su *Cambio político y legitimidad funcional: el Congreso mexicano en su encrucijada*, México, Cámara de Diputados-Miguel Ángel Porrúa, 2006.

MOSER, Ingrid, «Evaluation of Draft Legislation: the Case of Austria», ECPRD Seminar on Legal and Regulatory Impact Assessment of Legislation, Tallinn, 21 y 22 de mayo, 2001. Disponible en Internet: www.ecprd.org

OECD, *Recommendation of the Council of the oecd on Improving the Quality of Government Regulation*, 1995. Disponible en Internet: http://www.oecd.org/LongAbstract/0,2546,en_2649_201185_28016160_1_1_1_1,00.html

—, «Regulatory reform in the United States: Government capacity to assure high quality legislation», reporte sobre The OECD Review of Regulatory Reform in the United States, 1999. Disponible en Internet: http://www.oecd.org/dataoecd/48/19/2478900.pdf#search=%22Regulatory%20reform%20in%20the%20nited%20States%3A%20Government%20capacity%20%22

PÉREZ Carrillo, Agustín, *Ciudades seguras II. Análisis y evaluación de leyes en materia de prevención delictiva*, México, Universidad Autónoma Metropolitana (UAM) Azcapotzalco-CONACYT-FCE, 2002.

RALÓN Orellana, Carlos, *Manual para la evaluación económica de la ley*, Guatemala, Centro de Investigaciones Económicas Nacionales - CEDEL, 1988. Disponible en Internet: http://www.cien.org.gt

REINO UNIDO, Cabinet Office, «Legislative and Regulatory Reform Bill Final Regulatory Impact Assessment» y «Regulatory Impact Assessment Guidance». Disponibles en Internet junto con numerosos materiales de consulta en el portal de la *Better Regulation Initiative*: http://www.cabinetoffice.gov.uk/regulation/index.asp

RETORTILLO Baquer, Lorenzo Martín, «La calidad de la ley según la jurisprudencia del Tribunal Europeo de Derechos Humanos», *Derecho Privado y Constitución*, No. 17, enero-diciembre, 2003, pp. 377-406.

RODRÍGUEZ Mondragón, Reyes, «El proceso de producción legislativa, un procedimiento de diseño institucional», en Miguel Carbonell y Susana Talía Pedroza de la Llave (coordinadores), *Elementos de Técnica Legislativa*, IIJ-UNAM, 2000. Disponible en Internet: http://www.bibliojuridica.org/libros/libro.htm?l=21

TORRE, Rodolfo de la, *Ley de desarrollo social: análisis y evaluación de anteproyectos de ley del PAN, PRI y PRD*, Cuadernos de Desarrollo Humano 4, México, SEDESOL, 2002.

VEERMAN, Gert-Jan, «A Conceptual Framework for the Quality of Legislation», conferencia para la delegación del Ministerio Indonesio de Asuntos Ambientales, Universidad de Maastrich, 12 de enero de 2004. Disponible en Internet: http://arno.unimaas.nl/show.cgi?did=3089

WINTER, Heinrich, «The Forum Model in Evaluation of Legislation», capítulo 10 de Luc J Witgens (compilador), *Legisprudence: A new Theoretical Approach to Legislation*, Proceedings of the Fourth Benelux-Scandinavian Symposium on Legal Theory, Oxford-Portland Oregon, Hart Publishing, 2002.

WITGENS, Luc J, «Legislation as an object of study of Legal Theory: Legisprudence», capítulo 2 de Luc J. Witgens (compilador), *Legisprudence: A new Theoretical Approach to Legislation*, Proceedings of the Fourth Benelux-Scandinavian Symposium on Legal Theory, Oxford-Portland Oregon, Hart Publishing, 2002.

III

EVALUACIÓN DE LA INICIATIVA DE REFORMA AL ARTÍCULO 6 CONSTITUCIONAL EN MATERIA DE TRANSPARENCIA Y ACCESO A LA INFORMACIÓN PÚBLICA

PANEL DE EVALUADORES
Mtro. Eduardo Bohórquez
Mtro. José Buendía
Dr. Miguel Carbonell
Dra. Isabel Davara
Dr. Juan Francisco Escobedo
Dr. Mauricio Merino
Dr. Benito Nacif Hernández
Dr. José Roldán Xopa
Dr. Ernesto Villanueva

A. REPORTE FINAL SOBRE EL DICTAMEN DE LAS COMISIONES UNIDAS DE PUNTOS CONSTITUCIONALES Y DE LA FUNCIÓN PÚBLICA

1 INTRODUCCIÓN

Una de las primeras propuestas legislativas trascendentes en esta legislatura es la iniciativa de reforma al artículo 6 constitucional en materia de acceso a la información pública, que presentaron al pleno de la Cámara de Diputados los coordinadores de los grupos parlamentarios el pasado 19 de diciembre (iniciativa de los gobernadores). El CEEY convocó a un grupo de expertos para que colegiadamente examinen el desarrollo de esta propuesta de reforma. La primera sesión, cuyos resultados fueron dados a conocer al público, tuvo lugar el 20 de febrero.

El 1 de marzo las comisiones unidas de Puntos Constitucionales y de la Función Pública aprobaron un dictamen elaborado, «en su parte medular», a partir de la iniciativa del 19 de diciembre. La reunión del grupo de expertos convocados por el CEEY para analizar dicho dictamen se celebró el 6 de marzo. A continuación se presentan sus conclusiones principales.

2 RESULTADOS

Comentario general

Los panelistas reiteran su respaldo a la reforma por considerarla un avance en la legislación nacional en la materia, que necesita unificarse cuanto antes. Debe aprovecharse la oportunidad actual de aprobarla. No obstante, se enfatizaron aspectos sustantivos específicos cuya omisión o deficiente inclusión puede restringir o complicar la vigencia plena del derecho que se quiere regular (en particular sobre sujetos obligados y prueba de daño).

Los sujetos obligados

De forma unánime, los panelistas consideran indispensable la inclusión expresa de los partidos como sujetos obligados tal y como estaba en la iniciativa. La reforma quedará trunca si, como el dictamen establece, se les regula implícitamente. Al parecer, algunos actores políticos prefieren colocar la transparencia de los partidos en el debate sobre la reforma electoral, con el peligro para la sociedad de que se les otorguen normas excepcionales.

Asimismo, se advierte la omisión injustificada de los sindicatos como sujetos obligados. Esta omisión, que algunos expertos consideran menos grave que la de los partidos, podría subsanarse en parte con una indicación de que la ley federal en la materia incluirá expresamente a los sindicatos.

Prueba de daño

Los evaluadores consideraron muy desafortunado que en el dictamen se haya omitido el párrafo sobre prueba de daño de la iniciativa del 19 de diciembre que decía textualmente: «Los casos de conflicto entre el principio de publicidad y la necesidad de guardar reserva o confidencialidad de la información, se resolverá evaluando el daño que pudiera causar la difusión de información o bien, acreditando causas de interés público, según sea el caso». Los panelistas destacaron que se trata de un estándar internacional en la materia que debe observarse.

Datos personales

Hace falta establecer en la reforma constitucional la necesidad de expedir una ley específica de datos personales y otra de archivos.

Debería agregarse a la fracción III el derecho a la cancelación de datos personales, con el mismo rango que los derechos de acceso y rectificación de datos personales.

Exposición de motivos

La mayoría de los panelistas considera que la exposición de motivos presenta defectos considerables, entre los que puede mencionarse los siguientes:

cuando se trata el tema de la fracción primera, se enumeran algunas excepciones que son excesivamente vagas o amplias, como «las relaciones internacionales», «la economía nacional» o «los actos relacionados con la aplicación de las leyes»; en el apartado sobre la fracción III de la misma sección se incluye incorrectamente a «los privados» en relación con el tratamiento de datos personales, tratándose de una reforma sobre acceso a la información pública y a los datos personales en ella contenidos, cuyos sujetos obligados sólo pueden ser organismos públicos; el argumento para explicar la exclusión de los partidos políticos como sujetos obligados explícitos (en el apartado sobre la fracción VI de Las Bases) es insatisfactorio y parece querer justificar una decisión política tomada de antemano.

Aspectos favorables

El énfasis en el acceso gratuito a la información es encomiable. Son oportunos el reconocimiento del principio de máxima publicidad y la creación de organismos garantes especializados.

Se expone mejor que en la iniciativa la obligación de los sujetos obligados de proporcionar información sin que el solicitante justifique su petición.

Algunos panelistas comentaron que había una mejora en la técnica legislativa de la reforma.

INICIATIVA DE REFORMA AL ARTÍCULO 6 CONSTITUCIONAL
(2ª ETAPA - DICTAMEN)
HOJA DE EVALUACIÓN

Criterio	Pond.	Calif. Iniciat.	Calif. Dict.	Comentarios
1 Definición del problema	25%	9.0	9.0	La iniciativa identifica un problema muy relevante. Procura homologar una garantía individual debido a las asimetrías existentes. Es de amplio espectro: todos los poderes y en los tres niveles de gobierno. Establece principios generales adecuados (máxima publicidad, criterios de acceso). Se realizaron foros y consultas con partes interesadas. Es imprescindible volver a incorporar a los partidos como sujetos obligados y la prueba de daño.
2 Alternativas y soluciones propuestas	20%	9.0	6.0	Es una alternativa adecuada que contiene elementos positivos y mejora la situación actual, pero adolece de omisiones importantes con relación a la iniciativa respecto de los sujetos obligados y de la prueba de daño. Los plazos específicos han desaparecido, lo que es apropiado para el texto constitucional.
3 Aspectos legales	15%	6.5	7.5	Menciona el tema de la gratuidad y el principio de máxima publicidad. Es adecuado que se mencione la facultad de los estados y la federación para abordar el tema. Se menciona el procedimiento de revisión para atender las solicitudes rechazadas. La redacción tuvo algunas mejoras. La exposición de motivos requiere de mayor rigor.
4 Simplicidad, claridad, accesibilidad	5%	7.0	8.0	En general, es clara salvo en la prueba de interés público, así como en la información confidencial, lo que parece contraponerse con el principio de publicidad.
5 Impacto anticipado: costos y beneficios	5%	7.0	8.0	Se homologarán las legislaciones estatales. Los beneficios claramente compensan los costos. Los transitorios regulan la implementación.
6 Factibilidad e instrumentación	5%	8.0	8.0	Los transitorios son claros. Municipios de 70 mil habitantes parece ser un criterio inestable. Se establecen los sujetos obligados y las facultades de los órganos de control, si bien no suficientemente. Ya se habían implementado leyes y creado órganos sobre dicha base, y habrán de hacerse los ajustes correspondientes. Sin embargo, no se mencionan sesiones públicas de los órganos. Es muy pertinente la inclusión de la obligación de conservar archivos.

INICIATIVA DE REFORMA AL ARTÍCULO 6 CONSTITUCIONAL (2ª ETAPA - DICTAMEN)
HOJA DE EVALUACIÓN

Criterio	Pond.	Calif. Iniciat.	Calif. Dict.	Comentarios
7 Congruencia Presupuestaria	5%	9.0	9.0	Ya se habían erogado recursos al efecto.
8 Cumplimiento: sanciones y monitoreo	10%	7.0	8.0	Los órganos garantes no tienen «dientes» ya que no sancionan directamente; no se prevén mecanismos alternativos de solución de controversias. Por otra parte, podría eliminarse la mención de tipos de conductas consideradas únicamente como infracciones administrativas graves, dejando un párrafo que establezca que la inobservancia de lo dispuesto será sancionada por las leyes (para incluir las del orden civil o penal). Es adecuada la inclusión del recurso de revisión ante las negativas. Puede enfatizarse que los órganos garantes deben ser autónomos de los sujetos obligados. Mejora en este aspecto en relación con la iniciativa: la redacción es general pero suficiente para la Constitución.
9 Evaluación *ex post*	5%	7.0	7.0	No se prevé, como se acostumbra, una evaluación al mediano plazo.
Calificación Total		**8.0**	**7.8**	

INICIAT. = Iniciativa de los coordinadores parlamentarios 19/12/06.

DICT.= Dictamen de las Comisiones Unidas (PP y FP) 01/03/07.

Ambos indicadores son calificaciones en una escala de 0 a 10. Los valores superiores a 5 son favorables.

B. OPINIÓN DEL PANEL DE EVALUACIÓN DEL CEEY ACERCA DE LA APROBACIÓN DE LA REFORMA AL ARTÍCULO 6 CONSTITUCIONAL EN MATERIA DE TRANSPARENCIA Y ACCESO A LA INFORMACIÓN PÚBLICA

El 24 de abril pasado el Senado de la República aprobó un dictamen de la Cámara de Diputados para reformar el artículo 6 constitucional en materia de acceso a la información pública. La única modificación que hicieron los senadores al texto que recibieron consistió en reconocer plena autonomía de gestión (no solo presupuestaria) a los órganos encargados de verificar que los sujetos obligados cumplan la ley.

La posición del panel de evaluación organizado por el CEEY es por tanto la misma que la difundida tras la aprobación del dictamen en la Cámara de Diputados. Es oportuno, no obstante, reiterar los puntos principales de nuestra evaluación y presentar sugerencias a los legisladores:

1 El dictamen atiende un problema muy importante del país con una buena formulación (recibió una evaluación general de 7.8). El énfasis en el acceso gratuito a la información es encomiable. Son oportunos el reconocimiento del principio de máxima publicidad y la creación de organismos garantes especializados. Asimismo, se expone adecuadamente la obligación de los sujetos obligados de proporcionar información sin que el solicitante justifique su petición.

2 No obstante, se enfatizaron aspectos sustantivos específicos cuya omisión o deficiente inclusión puede restringir o complicar la vigencia plena del derecho que se quiere regular. En opinión de este comité, los partidos políticos (e inclusive los sindicatos) deberían haber sido incluidos en el texto constitucional como sujetos obligados. Queda esperar, como se menciona en el texto aprobado, que se establezcan procedimientos detallados mediante reformas a la Ley Federal de Transparencia y Acceso a la Información Pública Gubernamental y las leyes estatales en la materia y al Código Federal de Instituciones y Procedimientos Electorales y los códigos estatales. Es menester que este derecho quede regulado de modo que la apertura de los partidos sea máxima.

3 Debe establecerse un mecanismo para verificar que las entidades cumplan con los estándares. Al tratar el régimen transitorio, las comisiones encargadas del dictamen indican que el incumplimiento del plazo de un año para incluir en las legislaciones locales los nuevos preceptos «podría dar lugar a una controversia por omisión legislativa». Se debe establecer un procedimiento específico a este respecto.

LA INCIDENCIA DE LA EVALUACIÓN

En el caso de la reforma al artículo 6 constitucional es relevante destacar que se evaluó tanto la iniciativa de reforma como el dictamen de las Comisiones Unidas de Puntos Constitucionales y de la Función Pública. Con ello hubo oportunidad de valorar en la propia evaluación del dictamen si las observaciones que se habían hecho a la iniciativa fueron consideradas. En general, la valoración del texto es positiva y coincide con la aprobación de la propuesta tal y como se incluyó en el dictamen y como quedó en el texto final aprobado. En particular se observa a partir de la evaluación de la iniciativa y del dictamen que algunos aspectos sugeridos y otros que incluso estaban ya contemplados en la iniciativa no fueron incluidos o fueron omitidos en el dictamen y en el texto final aprobado. Entre las omisiones se pueden destacar la ausencia de los partidos políticos como sujetos obligados, la no inclusión de un párrafo sobre la prueba del daño que decía: «Los casos de conflicto entre el principio de publicidad y la necesidad de guardar reserva o confidencialidad de la información, se resolverá evaluando el daño que pudiera causar la difusión de información o bien, acreditando causas de interés público, según sea el caso». El tema de los datos personales en el sentido de expedir una ley específica para datos personales y otra para archivos, así como el dar el mismo rango al derecho de cancelación de datos personales como a su acceso y rectificación.

LOS EVALUADORES

Eduardo Bohórquez

• Maestría en estudios del desarrollo, Universidad de Cambridge. • Licenciatura en ciencia política y administración pública, UNAM.	ESTUDIOS
• Director ejecutivo, Fundación Este País, A.C. • Director del capítulo México (Transparencia Mexicana), *Transparency Internacional* (TI). • Consultor, One World, Demet y Grupo Desc. • Ha sido facilitador e instructor en talleres, cursos y diplomados del Centro de Investigación y Docencia Económicas (CIDE), del Instituto Tecnológico y de Estudios Superiores de Monterrey (ITESM), del Instituto del Banco Mundial y de la Universidad Iberoamericana (UIA), entre otras.	ACTIVIDADES ACADÉMICAS/ PROFESIONALES
Teorías del desarrollo, democracia, gobierno y administración, Estado de derecho, desarrollo humano.	ÁREAS DE INTERÉS

PUBLICACIONES RECIENTES

«Bases mínimas para el diagnóstico y la medición de la corrupción en México», en *Claroscuros de la transparencia. Horizontes en el escrutinio de la gestión pública*, México, InfoDF -CDH-D.F., 2006.

«México: más allá del videogate», en *Foreign Affairs* en Español, Julio-Septiembre, 2004.

José Buendía Hegewisch

ESTUDIOS

- Estudios de Doctorado en el programa de cambio social, Universidad Complutense de Madrid, 1996.
- Estudios de especialización, Centro de Estudios Constitucionales de España, 1993.
- Licenciatura en comunicación, UIA de la ciudad de México, 1986.

ACTIVIDADES ACADÉMICAS/ PROFESIONALES

- Director ejecutivo, Fundación Prensa y Democracia (PRENDE), 2004 a la fecha.
- Comentarista, Canal Once de Televisión, 2007 a la fecha.
- Asesor del Sistema Nacional de Noticiarios, Instituto Mexicano de la Radio (IMER), 2004-2006.
- Co-conductor, programa radiofónico Café Encuentros, IMER, 2004-2007.
- Profesor de asignatura, Escuela de Graduados de Administración Pública, ITESM campus ciudad de México, 2003-2004.
- Diputado, Asamblea Legislativa del Distrito Federal, 2000-2003.
- Secretario de medios e imagen institucional, Democracia Social, 1999-2000.
- Director de difusión y relaciones institucionales, Instituto Federal Electoral (IFE), 1997-1999.
- Corresponsal de Notimex y del diario español *El Mundo* en La Habana, Cuba, 1989-1992.
- Jefe de información, cadena ACIR, 1989.
- Jefe de información, Agencia EFE (delegación México), 1986-1988.
- Corresponsal para Europa, *El Universal*, 1992-1996.
- Miembro de la asamblea consultiva, Consejo Nacional para Prevenir la Discriminación, 2004.
- Miembro del Consejo de la Radio Ciudadana del IMER, 2007.
- Ha sido miembro del Consejo Editorial de *Reforma* y colaborador en *La Crónica de Hoy*, *Milenio* y *Nexos*.

ÁREAS DE INTERÉS

Transparencia y acceso a la información pública, medios de comunicación y comunicación política, periodismo y opinión pública, sistemas electorales.

Elecciones inéditas 2006, la democracia a prueba, editorial Norma, 2006.
La transparencia en el Distrito Federal, Instituto de Información del Distrito Federal (INFODF), 2007.

PUBLICACIONES RECIENTES

Miguel Carbonell

- Doctorado en derecho, Universidad Complutense de Madrid, España.
- Licenciatura en derecho, Facultad de Derecho, UNAM.

ESTUDIOS

- Investigador, Instituto de Investigaciones Jurídicas, UNAM.
- Coordinador del área de derecho constitucional, Instituto de Investigaciones Jurídicas, UNAM.
- Miembro del Sistema Nacional de Investigadores (SNI), nivel III.
- Miembro del Consejo Consultivo de la CNDH y de la Junta de Gobierno del Consejo Nacional para Prevenir la Discriminación.
- Ha sido profesor de asignatura, seminarios y talleres en la Comisión Estatal de Derechos Humanos de Aguascalientes, el Instituto Tecnológico Autónomo de México (ITAM), el ITESM campus Estado de México, el Instituto Estatal de las Mujeres de Nuevo León, la Maestría en Estudios Parlamentarios de la Universidad de Occidente, el Supremo Tribunal de Justicia del Estado de Michoacán, la División de Estudios de Posgrado de la Universidad Michoacana de San Nicolás de Hidalgo, la Maestría en Derecho Constitucional y Amparo del Instituto Tecnológico y de Estudios Superiores de Occidente, el CIDE y el Instituto de Investigaciones Jurídicas de la UNAM.

ACTIVIDADES ACADÉMICAS/ PROFESIONALES

Estado de derecho, derechos humanos, derecho electoral.

ÁREAS DE INTERÉS

Autor de 19 libros y coordinador o compilador de otras 30 obras.
Ha publicado más de 280 artículos en revistas especializadas y obras colectivas de México, España, Italia, Argentina, Colombia, Perú, Chile y Uruguay.
Ha dictado más de 420 cursos y conferencias en México y otros países.
Ha coordinado las obras colectivas más importantes de México en materia jurídica, tales como la *Constitución Política de los Estados Unidos Mexicanos comentada y concordada* (5 tomos), la *Enciclopedia Jurídica Mexicana* (15 tomos), la *Enciclopedia Jurídica Latinoamericana* (10 tomos)

PUBLICACIONES RECIENTES

y *Los derechos del pueblo mexicano. México a través de sus constituciones* (25 tomos).

Ha colaborado en la realización de iniciativas ciudadanas de ley; por ejemplo en la «Ley Federal de Transparencia y Acceso a la Información», la «Ley Federal para Prevenir y Eliminar la Discriminación» y el «Proyecto de reforma constitucional en materia de juicios orales y debido proceso legal».

ISABEL DAVARA

ESTUDIOS
- Doctorado en derecho, Universidad Pontificia Comillas de Madrid.
- Doble licenciatura en ciencias económicas y empresariales, y derecho, Universidad Pontificia Comillas de Madrid.

ACTIVIDADES ACADÉMICAS/ PROFESIONALES
- Abogada en ejercicio, Ilustre Colegio de Abogados de Madrid.
- Socia del Despacho Davara abogados, especialistas en derecho de las tecnologías de la información y de las comunicaciones, con sede en la ciudad de México.
- Presidenta del Comité de Comercio Electrónico para Latino América de la Sección de Ciencia y Tecnología, American Bar Association.
- Profesora de asignatura en licenciatura y posgrado en el ITAM, la UNAM y el ITESM.
- Ha sido profesora de asignatura y seminarios en la Universidad Pontificia Comillas de Madrid, en cursos de Especialista Univesitario que imparte el despacho Davara-Davara en colaboración con el Real Colegio Universitario Escorial-María Cristina y en el Ilustre Colegio de Abogados de Madrid.
- Ha dictado conferencias en la Suprema Corte de Justicia de la Nación, el Instituto Federal de Acceso a la Información, las comisiones estatales de Acceso a la Información de los estados de Colima, San Luis Potosí, Durango, Querétaro, Sinaloa, el Tribunal Fiscal de la Federación, el Tribunal Federal de Justicia Fiscal y Administrativa, el Organismo Autónomo Informática y Comunicaciones de la Comunidad de Madrid, el Departamento de Comercio de los Estados Unidos de América, los institutos de Investigaciones Jurídicas e Investigaciones Sociológicas la UNAM, el ITAM, el ITESM (ciudad de México y Estado de México), la Universidad Panamericana, la Universidad de Aquino (en Santa Cruz y La Paz, Bolivia), Universidad Carlos III de Madrid, la Escuela Formación Policía de Madrid, la Escuela de Derecho de George Washington University, la Universidad Anáhuac

del Sur (México D.F.), la Universidad Francisco de Vitoria (Madrid), el II Congreso Iberoamericano de Derecho Informático, la Universidad de la Américas, el Congreso Internacional de Protección de los Derechos de los Usuarios de Servicios Financieros, la New York Bar Association, la Asociación Mexicana de Empresas de Tecnologías de la Información y el Ilustre Colegio de Abogados de La Paz (Bolivia).

Datos personales, derecho de la intimidad, transparencia acceso a la información, protección de datos y comercio electrónico.

ÁREAS DE INTERÉS

«Problemática jurídica de la firma electrónica en México ¿dónde estamos y hacia dónde vamos?», en *Revista Política Digital*, octubre 2007.

PUBLICACIONES
RECIENTES

«Breve aproximación a la problemática jurídica del comercio y la contratación electrónicos y a la firma electrónica en particular», en *Estudios en Homenaje al Dr. Fix Zamudio*, UNAM, pendiente de publicación.

La protección de datos en el mundo (coautora), Senado de la República, México D.F., 2006.

Factbook de comercio electrónico (coautora), 3ª Edición, Ed. Aranzadi Thompson, Pamplona, 2004.

Código de internet (coautora), Ed. Aranzadi Thompson, Pamplona. 2004.

Cuaderno sobre nombres de dominio (coautora), Ilustre Colegio de Abogados de Madrid, Febrero 2004.

- *Anuario de Derecho de las TIC 2004* (coautora), Ed. Fundación Vodafone Madrid, 2004.
- *Guía de Comercio electrónico para PYMES*, (coautora), Ed. Dafema, Madrid, 2003.

JUAN FRANCISCO ESCOBEDO
- Doctorado en ciencia política y sociología, Universidad Complutense de Madrid, 1998.
- Licenciatura en derecho, UAM.

ESTUDIOS

- Coordinador de asesores del Abogado General, UNAM, 2006-2007.
- Director de difusión y campañas institucionales, IFE, 2005-2006.
- Presidente de la Fundación Información y Democracia A.C., 2004-2005.
- Profesor de política internacional en el Doctorado en gestión estratégica y políticas de desarrollo, Universidad Anáhuac, 2005 a la fecha.
- Primer lugar en el Concurso de Tesis de Posgrado convocado por la

ACTIVIDADES
ACADÉMICAS/
PROFESIONALES

Cámara de Diputados, 2000.

- Investigador nacional nivel I, miembro del SNI.
- Articulista de El Universal.
- Representante del Grupo Oaxaca (que elaboró la Iniciativa ciudadana de Ley Federal de Acceso a la Información) en la mesa de negociación que redactó dictamen.
- Asesor para la redacción de las iniciativas de Ley de Acceso a la Información de los estados de Morelos, Coahuila y Chihuahua.
- Asesor de la Iniciativa de Reforma al artículo 6 constitucional y de la Iniciativa de reformas a la Ley Federal de Transparencia y Acceso a la Información Pública.
- Asesor de la Iniciativa de Ley de Archivos (Senado de la República).

ÁREAS DE INTERÉS   Comunicación institucional, periodismo y gestión de medios, diseño institucional y jurídico, política internacional, comunicación política y desarrollo de la democracia, derecho a la información y transparencia, proceso legislativo y derecho parlamentario, educación y gestión educativa.

PUBLICACIONES
RECIENTES

El cambio en la comunicación, los medios y la política, UIA, El Universal, FIDAC y Fundación Konrad Adenauer, México, 2002.

Comunicación y transparencia de los poderes del Estado, UIA, El Universal, FIDAC y la Fundación Konrad Adenauer, México, 2003.

México: poliarquía en construcción. Democratización, comunicación, información y gobernabilidad, UIA, Fundación Konrad Adenauer, México, 2004.

Representación política y toma de decisiones, Fundación Konrad Adenauer y FIDAC, México, 2004.

«Introducción al estudio del derecho parlamentario local», en *Manual de Técnica Legislativa*, tomo II, Fundación Konrad Adenauer, The State University of New York, Congreso del Estado de México, USAID y Universidad Anáhuac del Sur, México, 2004.

«Análisis de dos encuestas nacionales, una realizada a población abierta (opinión pública) y otra realizada a ciudadanos con perfil académico», en Carolina Pacheco Luna (coord.), *Cultura de la transparencia*, Limac, Universidad de Guadalajara y Gobierno de Querétaro, México 2006.

«Obstáculos fundacionales a la información pública estatal», en Sergio López Ayllón (coord.), *Democracia, transparencia y Constitución. Propuestas para un debate necesario*, Instituto de Investigaciones Jurídicas (UNAM) e IFAI, 2006.

MAURICIO MERINO

- Doctorado en ciencia política y sociología, Universidad Complutense de Madrid, España.
- Diploma de especialidad en derecho constitucional y ciencia política, Centro de Estudios Constitucionales de España.
- Licenciado en ciencias políticas y administración pública, Escuela Nacional de Estudios Profesionales de Acatlán, UNAM.

ESTUDIOS

- Director, División de Administración Pública, CIDE, 2005 a la fecha.
- Profesor-Investigador, CIDE, 2003 a la fecha.
- Consejero electoral del Consejo General, IFE. Presidente de la Comisión del Servicio Profesional Electoral, y Presidente de la Comisión de Transparencia y Acceso a la Información, 1996-2003.
- Profesor-Investigador, Centro de Estudios Internacionales, El Colegio de México, 1992-1996.
- Presidente del Colegio Nacional de Ciencias Políticas y Administración Pública, A.C., 1994-1996.
- Agregado de la Embajada de México en España, 1990-1992.
- Gerente internacional, Fondo de Cultura Económica (FCE), 1989-1990.
- Subdirector de documentación, Instituto de Estudios Políticos, Económicos y Sociales, PRI, 1987-1988.
- Coordinador general, Comité de Planeación para el Desarrollo (COPLADE) en el Estado de Tabasco, 1983-1987.
- Asistente de la dirección, *Revista de la Universidad de México*, UNAM, 1982-1983.
- Articulista del periódico *La Jornada*, México, 1993-1996.
- Articulista en *El Universal*, México, noviembre de 2003 a la fecha.
- Investigador nacional nivel II, miembro del SNI.
- Miembro regular de la Academia Mexicana de Ciencias.

ACTIVIDADES ACADÉMICAS/ PROFESIONALES

Políticas públicas locales, políticas públicas, propiedad intelectual y transparencia, gobiernos locales, servicio civil, presupuestos dirigidos a resultados y evaluación del desempeño.

ÁREAS DE INTERÉS

El régimen municipal en los Estados Unidos Mexicanos, Nostra Ediciones, 2007. «Indicadores de gestión», en Miguel Carbonell (coord.), *Hacia una democracia de contenidos: la reforma constitucional en materia de transparencia*, IFAI, IIJ-UNAM-INFO-D.F., México, 2007.
«Las instituciones políticas: quebrantos, afirmaciones y desafíos», en Enrique Florescano (Coord.) *La política en México*, Taurus, México, 2007.

PUBLICACIONES RECIENTES

«La transición votada», en Francisco González Ayerdi y Francisco Reveles Vázquez, (Coords), *Sistema Político Mexicano, Antología de Lecturas*. Facultad de Ciencias Políticas y Sociales, UNAM, México, 2007.

«El Servicio Profesional Electoral: una visión comparada en América Latina» en colaboración con Marco Antonio Baños, en Dieter Nohlen, Sonia Picado, Daniel Zovatto, (comps), *Tratado de Derecho Electoral Comparado de América Latina*, FCE-IFE, México, 2007.

«La democracia deliberativa en México», en Andrew Selee (Coord.) *Democracia y ciudadanía. Participación ciudadana y deliberación pública en gobiernos locales mexicanos*, Woodrow Wilson Center, Washington, 2006.

BENITO NACIF HERNÁNDEZ

ESTUDIOS
- Doctorado en ciencias políticas, St. Antony's College, University of Oxford, 1995.
- Licenciatura en administración pública, Centro de Estudios Internacionales, El Colegio de México, 1988.

ACTIVIDADES ACADÉMICAS/ PROFESIONALES
- Consejero Electoral del Consejo General, IFE.
- Residential Fellowship, Kellogg Institute for International Studies, University of Notre Dame, primavera de 2001.
- Consejero ciudadano del Distrito Federal Electoral No.10 de México D.F., Diciembre de 1999 a Julio del 2000.
- Profesor titular, División de Estudios Políticos, CIDE, 1995-2008.
- Analista, Oxford Analytica, 1993-1999.
- Director de la revista *Política y Gobierno*, 1997-2000.
- Jefe del Departamento de Análisis Cuantitativo, asesoría técnica de la Presidencia de la República.
- Coordinador de Oficinas de la Presidencia de la República, 1989-1990.
- Jefe de departamento, Coordinación de asesores, Secretaría de Desarrollo Urbano y Ecología, Agosto de 1988 a Diciembre de 1988.
- Investigador nacional nivel 1, miembro del SNI, 1999 a la fecha.

ÁREAS DE INTERÉS
Legislaturas en América Latina, las relaciones ejecutivo-legislativo, congreso, Poder Legislativo mexicano, partidos políticos y sistemas electorales.

PUBLICACIONES RECIENTES
«Explaining Party Discipline in the Mexican Chamber of Deputies; the Centralized Party Model», en Scott Morgenstern y Benito Nacif Hernández (eds.), *Legislative Politics in Latin America*, Inglaterra 2001.

Auge y caída del presidencialismo en México, 2000, Trayectorias; revista de ciencias sociales de la Universidad de Nuevo León, México, Vol. 2, No. 2.

«El impacto del Partido Nacional Revolucionario en las relaciones ejecutivo-legislativo, 1928-1934», en Ignacio Marván y María Amparo Casar (eds.), *Gobiernos Divididos en México, 1867-1997*, 2000, CIDE-Océano, México.

JOSÉ ROLDÁN XOPA

- Doctorado en derecho, UNAM, 1988.   ESTUDIOS
- Maestría en derecho económico, UAM, 1987.
- Licenciatura en derecho, UAM, 1986.
- Licenciatura en derecho, Benemérita Universidad Autónoma de Puebla (BUAP).

- Jefe del departamento académico de derecho, ITAM, 2006 a la fecha.   ACTIVIDADES
- Director de la Maestría en derecho administrativo y de la regulación,   ACADÉMICAS/
  ITAM, 2006 a la fecha.   PROFESIONALES
- Director de la licenciatura de derecho, ITAM.
- Asesor jurídico del Secretario General de Desarrollo Social, Departamento del Distrito Federal, 1994.
- Director consultivo y de asuntos notariales, Departamento del Distrito Federal, 1993-1994.

Derecho administrativo, derecho constitucional económico, competen-   ÁREAS DE INTERÉS
cia económica, derecho Indígena.

«La costumbre indígena como fuente del derecho» en *Lex Difusión y*   PUBLICACIONES
Análisis (2005)   RECIENTES

«¿Habemus veto?» en *Lex Difusión y Análisis*, 2005.

«Libertad personal y procedimiento administrativo migratorio» en *Lex Difusión y Análisis*, 2004

«Eficiencia y derecho administrativo», en *Revista Mexicana de Derecho Público*, 2002.

«Constitución y privatización» en *Anuario de derecho público*, 1997.

«Inconstitucionalidades en la Ley de Instituciones de Crédito», en *Revista de Derecho Privado*, 1991.

- *Competencia económica: Estudios del derecho, economía y política*. México D.F., Editorial Porrúa, 2007.

- El pueblo y las comunidades indígenas como sujetos de derecho. México D.F.: Comisión Nacional para el Desarrollo de los Pueblos Indígenas (CDI), 2006.

ERNESTO VILLANUEVA VILLANUEVA

ESTUDIOS
- Doctor en derecho, Universidad Complutense y Universidad del Norte.
- Doctor en comunicación, Universidad de Navarra.

ACTIVIDADES ACADÉMICAS/ PROFESIONALES
- Investigador titular «B» definitivo, de tiempo completo, Instituto de Investigaciones Jurídicas, UNAM.
- Coordinador del área de derecho de la información, Instituto de Investigaciones Jurídicas, UNAM.
- Titular de la Cátedra Konrad Adenauer de derecho de la información, Instituto de Investigaciones Jurídicas, UNAM.
- Director de la revista Derecho Comparado de la Información, Instituto de Investigaciones Jurídicas, UNAM.
- PRIDE Nivel C, UNAM.
- Investigador nacional nivel II, miembro del SNI.
- Articulista de la revista Proceso, 1998 a la fecha.
- Coordinador y conductor del programa televisivo semanal «La República de los medios», Canal 22, México.

ÁREAS DE INTERÉS
Derecho de la información, autoregulación y deontología informativa, derecho de acceso a la información, libertad de expresión, libertad de información, regulación de medios, derecho de réplica, protección de datos personales, acceso a la información pública, deontología y autorregulación periodística, honor, intimidad y vida privada, transparencia y rendición de cuentas.

PUBLICACIONES RECIENTES
Derecho de la información, 4ª edición, CIESPAL-UNESCO, Quito, Ecuador, 2008.

Derecho de la información, Culturas y Sistemas Jurídicos Comparados, Instituto de Investigaciones Jurídicas, México, 2007.

Derecho de acceso a la información en el mundo, Instituto de Investigaciones Jurídicas-Miguel Ángel Porrúa-H. Cámara de Diputados, 2006.

IV

EVALUACIÓN DE DOS INICIATIVAS DE REFORMA A LA CONSTITUCIÓN POLÍTICA EN MATERIA DE JUSTICIA PENAL (INICIATIVA DE «LA RED» DEL 19 DE DICIEMBRE DE 2006 E INICIATIVAS DEL EJECUTIVO DEL 9 DE MARZO DE 2007)

PANEL DE EVALUADORES
Dr. Marcelo Bergman
Dr. Edgardo Buscaglia
Dr. José Antonio Caballero
Dr. Samuel González Ruiz
Dr. Sergio López-Ayllón
Dr. Alfonso Oñate
Dr. Luis Raigosa
Dr. Guillermo Zepeda Lecuona

A. PRESENTACIÓN

El CEEY propuso a un grupo de expertos reconocidos la revisión metódica de dos importantes propuestas legislativas de la presente legislatura en materia de justicia penal. Por una parte, la del 19 de diciembre pasado, presentada por los diputados Felipe Borrego, del PAN; César Camacho Quiroz, del PRI; Raymundo Cárdenas, del PRD; Javier Estrada, del Partido Verde, y Miguel Ángel Jiménez, de Nueva Alianza. Dicho documento había sido propuesto la semana anterior por la Red Nacional a Favor de los Juicios Orales (la Red) a las comisiones de Justicia y Puntos Constitucionales de la Cámara de Diputados. La propuesta, resultado de un notable esfuerzo de participación de organizaciones de la sociedad civil, contiene elementos con los que una parte importante de los expertos y comentaristas está de acuerdo.

La otra propuesta a revisión proviene del presidente Calderón, quien el 9 de marzo presentó una iniciativa al Senado para modificar la Ley Orgánica de la Procuraduría General de la República y la Constitución General (artículos 16, 17, 18, 20, 21, 22, 73, 122, y 123, Apartado B, fracción XIII). Los objetivos son fomentar una justicia pronta y expedita sobre la que construir «un nuevo modelo de justicia penal en todo el país», que se relaciona estrechamente con la disminución de la impunidad y el rescate de la seguridad pública.

B. RESULTADOS

1 COMENTARIOS GENERALES

Los panelistas consideran muy importante enfatizar la necesidad de llevar a cabo una reforma sustantiva en materia de justicia penal en México. Las iniciativas en cuestión, si bien contienen elementos debatibles, acertadamente parten del supuesto que el sistema de justicia penal está en crisis y constituyen avances en la medida en que proponen cambios en direcciones correctas. El objetivo principal de la propuesta de la Red es el tránsito a un sistema acusatorio, mientras la del Ejecutivo se propone crear un régimen de excepción en materia de delincuencia organizada (se concentra en la investigación, más que en el sistema).

Un aspecto fundamental es que los objetivos de la reforma que se apruebe deben estar bien definidos (posiblemente en las dos grandes áreas de seguridad pública y justicia penal propiamente). A este respecto, el aspecto más relevante a incluir en la Constitución es el de los principios que deben adquirir vigencia plena en el sistema nacional —casi todos estipulados en los tratados internacionales que hemos suscrito: inmediatez, presunción de inocencia, concentración, oportunidad, publicidad en el juicio.

Con el objetivo de reducir la corrupción, los evaluadores convinieron también en que es pertinente eliminar el monopolio de la acción penal del Ministerio Público (MP), aunque tal medida no está exenta de problemas. Incluso, señalaron que en algunos de los países con las mejores prácticas de justicia penal (Alemania, España, Francia, entre otros) la facultad de ejercer la acción penal es exclusiva del MP.

Varios evaluadores consideran que la principal deficiencia de ambas propuestas radica en su gestación: no son resultado de un proceso sólido de negociación que asegure suficientemente su aplicación exitosa. En una se tomó poco en cuenta a los servidores públicos eventualmente encargados de implementar los cambios, y la otra refleja claramente los puntos de vista de la Administración y los sectores oficiales que ésta consultó. Para que los objetivos de una reforma tan relevante se cumplan es necesario avanzar en dos fases: conseguir de los actores políticos la aceptación de la vigencia real de los principios que se propongan, y posteriormente concertar medidas de implementación que faciliten su éxito (en un proceso similar al que se siguió para elaborar la reforma electoral).

Es por eso que varios panelistas sugirieron generar una nueva propuesta cuyos principios deberían mostrarse ante diversos foros de representantes populares, funcionarios de los tres ámbitos de gobierno, asociaciones de profesionistas y grupos de la sociedad civil. En otros países, propuestas trascendentes como ésta han fracasado porque en realidad son reformas políticas no consensuadas.

Los expertos coincidieron en señalar que una reforma de esta naturaleza y escala debe aplicarse de manera paulatina, por medio de proyectos piloto que permitan ajustar el modelo de acuerdo con las condiciones específicas de las entidades. Es decir, una vez que se apruebe la reforma, se abrirán espacios nuevos donde avanzar que deberán llenarse con reformas subsecuentes. La ausencia de coordinación para alcanzar el objetivo a largo plazo caracteriza a las dos propuestas, pero se nota más la del Presidente (la de la Red estipula en los artículos transitorios una oficina «impulsora» dependiente de la Presidencia y un plazo máximo de cinco años, que son insuficientes). En los artículos transitorios deben establecerse las etapas o fases del proceso que las mejores prácticas internacionales denominan la secuencialidad de las reformas.

Por último, los expertos subrayaron la necesidad de que se conciba la reforma como una política pública bien estructurada, con un plan o programa definido, elementos de organización y presupuestación explícitos, e incentivos que motiven las conductas adecuadas de todos los actores (presentados junto con el texto formal). El panel recomendó, de modo general, que el Congreso exija que los fondos de todas las nuevas regulaciones estén presupuestados: que se indique cómo se generará su financiamiento.

2 LA PROPUESTA DE LA RED

Definición del problema

Esta iniciativa se concentra en aspectos procedimentales de justicia penal dirigidos a proteger a los ciudadanos de abusos del MP y la policía. La mayoría de los expertos considera que se trata de un acierto porque en las condiciones de México es prioritario modernizar el sistema para incorporar realmente a toda la población a un sistema de justicia digno y eficaz. No obstante, se hizo notar la ausencia del tema de la delincuencia organizada y que es posible afirmar la necesidad de darle un tratamiento legal específico (no necesariamente el que le da la otra propuesta). Es decir, existe un aspecto muy importante cuya exclusión se debió justificar explícitamente.

Alternativas y soluciones propuestas

La propuesta de la Red es claramente garantista; parte de un diagnóstico en el que existe una crisis en la impartición de justicia, particularmente por los abusos de autoridad en la etapa de investigación, y tal vez por eso desconoce elementos de la realidad investigatoria con posibles efectos desventajosos. Por ejemplo, es acertado considerar las confesiones como pruebas ilícitas, pero es contraproducente prohibir los interrogatorios del todo (medida que no se incluye en ningún tratado internacional), porque pueden ayudar a orientar la investigación de hacerse correctamente.

No se aclara si se pueden seguir entregando pruebas a lo largo del proceso. De hecho, algunos panelistas consideraron que se restringe excesivamente el concepto de prueba. Se puede mejorar este punto buscando ejemplos internacionales, como el modelo italiano, en el que se permite presentar pruebas a lo largo del juicio, y se separan las iniciales de las posteriores.

La solución más débil es el fondo de reparación del daño (el que se hablará en el rubro de congruencia presupuestaria) cuya definición es deficiente. Incluye la obligación de pagar costos que no son responsabilidad directa del Estado (es muy difícil de financiar) y da pié a incentivos perversos y a abusos de autoridad que beneficiarían a delincuentes y miembros de la élite.

Finalmente, la iniciativa de la Red otorga la facultad de ejercicio de la acción penal, además del MP, a distintas autoridades y a los particulares. Se mencionó que tal medida, si bien adecuada para reducir espacios de corrupción, puede generar consecuencias inconsistentes e impredecibles que habría que cuidar.

Aspectos legales

Es de notarse que a pesar de la crítica frontal al concepto de sujeción al proceso en la exposición de motivos, y la sugerencia de sustituirlo con el de vinculación al proceso lo cual fue considerado como positivo, en el texto de la reforma se utilizan las dos nociones.

Una opinión compartida fue que la iniciativa, con el propósito de fundamentar adecuadamente el debido proceso, introduce conceptos como *adversariedad, oralidad y acusatoriedad*, que bien podrían tratarse en leyes secundarias. La misma duda se presentó respecto a los mecanismos alternativos de solución de controversias.

El artículo 19 introduce el concepto de auto de vinculación, pero no establece los casos en que se aplicará.

El artículo 50 transitorio establece que el Congreso debe dictar una Ley del Debido Proceso, pero estrictamente éste no tiene facultades para legislar en esa materia. Es necesaria entonces una reforma al artículo 73 constitucional para otorgárselas.

En general, la iniciativa de la Red estipula mejor las reglas que la propuesta del Ejecutivo, pero implica una «procedimentalización» de la Constitución (como al asentar el «principio de oportunidad» como derecho, siendo una facultad discrecional, o al hablar del «derecho a la mediación»).

Los panelistas también consideraron que faltó una mayor atención a la defensoría de oficio en la propuesta, lo cual es fundamental.

Simplicidad, claridad, accesibilidad
La construcción y el mensaje de ambas propuestas son compresibles.

Impacto anticipado: costos y beneficios
Presenta desafíos de capacitación y adaptación al modelo, que conllevan costos ocultos importantes, así como un cambio cultural en la profesión que es necesario prever.

Los beneficios anticipados también son muy importantes dada la crisis en el actual sistema de impartición de justicia penal.

Factibilidad, Istrumentación y aplicación
Los evaluadores subrayaron la carencia de consideraciones de gestión para incorporar el nuevo modelo. En especial, sobre los problemas de organizar y capacitar a los servidores públicos (jueces, ministerios públicos, defensores, policías) necesarios para su implementación, así como las etapas en que debe llevarse a cabo.

Otros elementos que le restan factibilidad a este proyecto son la necesidad de actualizar los principios de la legislación de las 32 entidades y la introducción de sistemas de derechos humanos que marchan a distintas velocidades (pudiendo repetir, ampliada, la situación de la justicia para menores que se aprobó recientemente).

Congruencia presupuestaria
Un gran impedimento para la aplicación de la iniciativa de la Red es que genera costos económicos potencialmente impagables. No se presenta un estudio de factibilidad para el fondo de reparación del daño (destinado a cubrir todos los costos, no solo los de un proceso inapropiado)

en donde se aclare cuál será la fuente de los recursos y se determine un límite. La determinación de la reparación adolece de incentivos perversos que darán lugar a abusos de autoridad.

A la complejidad técnica de organizar y capacitar a los servidores públicos, se tiene que añadir su financiamiento, lo mismo que el del cambio en infraestructura y la inversión tecnológica. Tales costos serán muy grandes y, si bien no tienen que estar en la reforma, debió haberse proporcionado un estimado adjunto.

Cumplimiento: sanciones y monitoreo
En general, las consideraciones sobre cumplimiento son adecuadas. Debería establecerse, además, un sistema de incentivos adecuado para estimular el cumplimiento de la reforma por los diferentes actores.

Evaluación ex post
No la contempla.

3 LA PROPUESTA DEL EJECUTIVO

Definición del problema
Lejos de tener una visión sistémica, la propuesta adolece de una visión demasiado restringida: aumentar las facultades de la autoridad para combatir la inseguridad pública, en especial las actividades de la delincuencia organizada.

Se requiere una discusión mucho más amplia sobre la pertinencia de establecer un régimen de excepción. Varios panelistas consideran que se trata de una mala solución, porque el problema no es de otorgar más atribuciones a la autoridad (que de hecho ya tiene), sino de establecer mecanismos eficaces de supervisión y rendición de cuentas. Quizá la debilidad principal de todo el planteamiento es que no se presenta un diagnóstico de hacia dónde debe avanzarse.

La característica predominante del planteamiento del Presidente es la estrategia de «federalización» (entendida como sinónimo de centralización: el efecto que se busca es lograr una unificación de la legislación del país). Un problema mayor de este enfoque es el considerable desgaste del capital político del Ejecutivo, que para conseguir el apoyo de las legislaturas estatales debe convencerlas de renunciar a su prerrogativa de legislar en la materia (la diferencia con la iniciativa de la Red es que ésta ordenaría que cada legislatura ajuste su código estatal). De acuerdo con los evaluadores, este problema es serio pues incluye, además del código penal, el código de procedimientos penales y la legislación en materia de ejecución de sentencias.

Alternativas y soluciones propuestas

Las relaciones entre la policía y el MP son un punto débil que merece consideración. Se le otorgan las nuevas facultades de investigación a todos los niveles de gobierno (360 mil policías), y se propone certificar a los agentes en 6 años; de acuerdo con los expertos, esto implica un trabajo de al menos 20 años que no está bien considerado.

Otorgar capacidad de investigación a la policía así como al MP es poco recomendable. El MP perderá control (que la policía obtendrá), lo que seguramente resultará en violaciones de Derechos Humanos. Además, es posible que por incompetencia de la policía durante los procesos un número considerable de juicios se venga abajo. En casi todas las constituciones actuales, el MP dirige la investigación y en todo caso delega ciertas atribuciones a la policía, pero bajo su supervisión. Es muy peligroso darle poderes a una policía aún no profesionalizada.

Aspectos legales

En general el aspecto técnico se resuelve adecuadamente, en vista de los objetivos planteados.

La mayoría de los evaluadores considera conveniente la figura de extinción de dominio, particularmente en las circunstancias actuales del país. No obstante, se mencionó que sería adecuado reglamentar el artículo 22 de la Constitución, párrafos segundo y cuarto, donde de hecho ya se establece esa figura.

Simplicidad, claridad, accesibilidad

Lo mismo que la propuesta de la Red, se presenta de manera comprensible.

Impacto anticipado: costos y beneficios

Como se mencionó, esta propuesta dicta la «federalización» de la legislación penal en sus tres órdenes: sustantivo, procesal y de ejecución de sanciones. El impacto de estas reformas constitucionales en el resto del orden jurídico es incierto, y quizá de consecuencias muy negativas: un estado policial y el aun mayor desequilibrio entre la autoridad y el acusado.

Factibilidad, Istrumentación y aplicación

No se indica cuáles serán los mecanismos de supervisión y rendición de cuentas de la policía y los agentes del MP. En general se criticó que carezca de consideraciones de organización e implementación.

Congruencia presupuestaria

El financiamiento de la capacitación de la policía para que cumpla sus nuevas responsabilidades no fue considerado cabalmente, ni en magnitud ni en procedimientos. Los panelistas opinaron que es necesario establecer una bolsa central, de la que se asignen fondos incrementales a los estados que avancen en la aplicación de la política, además de las partidas básicas para todos.

Cumplimiento: sanciones y monitoreo

Las sanciones y el monitoreo que plantea son correctos en términos generales, pero debe añadírseles un sistema de incentivos adecuado para estimular el cumplimiento de la reforma por los diferentes actores.

Evaluación ex post

No la contempla.

INICIATIVA DE LA RED NACIONAL A FAVOR DE LOS JUICIOS ORALES
HOJA DE EVALUACIÓN

Criterio	Pond.	Calif.	Comentarios
1 Definición del Problema	15%	7.5	Se concentra en aspectos de justicia penal dirigidos a proteger a los ciudadanos de abusos del MP y la policía. Es un acierto porque en México es prioritario modernizar el sistema para incorporar realmente a toda la población a un sistema de justicia digno y eficaz. Debió justificarse explícitamente la exclusión del tema del combate al crimen organizado.
2 Alternativas y soluciones propuestas	20%	7.5	Parte del diagnóstico de una crisis en la impartición de justicia, particularmente por los abusos de autoridad en la etapa de investigación; tal vez por eso desconoce elementos de la realidad investigatoria con posibles efectos desventajosos. Por ejemplo, es contraproducente prohibir los interrogatorios del todo (medida que no se incluye en ningún tratado internacional), porque pueden ayudar a orientar la investigación de hacerse correctamente. No se aclara si se pueden seguir entregando pruebas a lo largo del proceso. La solución más débil es el fondo de reparación del daño, cuya definición es deficiente. Incluye la obligación de pagar costos que no son responsabilidad directa del Estado (es muy difícil de financiar) y da pié a incentivos perversos y a abusos de autoridad. Otorga la facultad de ejercicio de la acción penal, además del MP, a distintas autoridades y a los particulares. Esto reducirá espacios de corrupción, pero puede generar consecuencias inconsistentes e impredecibles.
3 Aspectos legales	15%	7.5	En general implica una «procedimentalización» de la Constitución e introduce conceptos como adversariedad, oralidad, acusatoriedad, que bien podrían tratarse en leyes secundarias. También es el caso de los mecanismos alternativos de solución de controversias. En el texto de la reforma se utiliza el concepto de sujeción al proceso que se critica en la exposición de motivos. El artículo 19 introduce el concepto de auto de vinculación, pero no establece los casos en que se aplicará. El artículo 5o transitorio establece que el Congreso debe dictar una Ley del Debido Proceso, pero estrictamente éste no tiene facultades para legislar en esa materia.

INICIATIVA DE LA RED NACIONAL A FAVOR DE LOS JUICIOS ORALES
HOJA DE EVALUACIÓN

Criterio	Pond.	Calif.	Comentarios
4 Simplicidad, clari-dad, accesibilidad	10%	8.4	La construcción y el mensaje son compresibles.
5 Impacto anticipado: costos y beneficios	5%	7.0	Presenta desafíos de capacitación y adaptación al modelo, que conllevan costos ocultos importantes. Es necesario prever un cambio cultural en la profesión.
6 Factibilidad e instrumentación	10%	4.0	Carece de consideraciones de gestión para incorporar el nuevo modelo. En especial, sobre los problemas de organizar y capacitar a los servidores públicos que lo implementarán. No aclara las etapas en que debe llevarse a cabo. Será difícil actualizar los principios de la legislación de las 32 entidades e introducir sistemas de derechos humanos que marchen a ritmo similar.
7 Congruencia Presupuestaria	10%	3.0	Genera costos económicos potencialmente impagables. No se presenta un estudio de factibilidad para el fondo de reparación del daño (destinado a cubrir todos los costos, no solo los de un proceso inapropiado) en donde se aclare cuál será la fuente de los recursos y se determine un límite. Debió presentarse un estudio general sobre la inversión para organizar y capacitar a los servidores públicos, así como para realizar los cambios tecnológicos y de infraestructura necesarios.
8 Cumplimiento: sanciones y monitoreo	10%	8.0	Además de las consideraciones sobre cumplimiento incluidas, debería establecerse un sistema de incentivos para estimular el cumplimiento de los diferentes actores.
9 Evaluación *ex post*	5%	1.0	No la contempla.
Calificación Total		**6.5**	

INICIATIVAS DEL EJECUTIVO
HOJA DE EVALUACIÓN

Criterio	Pond.	Calif.	Comentarios
1 Definición del Problema	15%	5.0	La propuesta no muestra una visión sistémica: se restringe a aumentar las facultades de la autoridad para combatir la inseguridad pública, en especial a la delincuencia organizada. Los evaluadores cuestionaron la pertinencia de establecer un régimen de excepción, porque el problema no es de otorgar más atribuciones a la autoridad (que de hecho ya tiene), sino de establecer mecanismos eficaces de supervisión y rendición de cuentas. La debilidad principal de todo el planteamiento es que no se presenta un diagnóstico de hacia dónde debe avanzarse. Su característica predominante es la estrategia de «federalización», costosa políticamente para el Ejecutivo, que debe convencer a las legislaturas estatales de ya no legislar en la materia (esto incluye el código penal y el código de procedimientos penales locales).
2 Alternativas y soluciones propuestas	20%	4.5	Las relaciones entre la policía y el MP son un punto débil. Se le otorgan las nuevas facultades de investigación a todos los niveles de gobierno (360 mil policías) y se propone certificar a los agentes en 6 años, cuando realmente esto implica un trabajo de al menos 20 años. Otorgar capacidad de investigación a la policía así como al MP es poco recomendable. Probablemente resultará en violaciones de Derechos Humanos, y también es posible que por incompetencia de la policía durante los procesos un número considerable de juicios se venga abajo. En casi todas las constituciones, el MP dirige la investigación y sólo delega ciertas atribuciones a la policía. Es muy peligroso darle poderes a una policía aún no profesionalizada.
3 Aspectos legales	15%	6.8	El aspecto técnico se resuelve adecuadamente, en vista de los objetivos planteados. La figura de extinción de dominio parece justificada en las circunstancias del país. No obstante, sería adecuado reglamentar el artículo 22 de la Constitución, párrafos segundo y cuarto, donde ya se establece esa figura.
4 Simplicidad, claridad, accesibilidad	10%	8.4	Se presenta de manera bastante compresible.

INICIATIVAS DEL EJECUTIVO
HOJA DE EVALUACIÓN

Criterio	Pond.	Calif.	Comentarios
5 Impacto anticipado: costos y beneficios	5%	5.0	Esta propuesta dicta la «federalización» de la legislación penal en sus tres órdenes: sustantivo, procesal y de ejecución de sanciones. El impacto de estas reformas constitucionales en el resto del orden jurídico es incierto, y quizá de consecuencias muy negativas: un estado policial y el aun mayor desequilibrio entre la autoridad y el acusado.
6 Factibilidad e instrumentación	10%	2.0	No se indica cuáles serán los mecanismos de supervisión y rendición de cuentas de la policía y los agentes del MP. Debieron incluirse consideraciones sobre organización e implementación más cuidadosas, quizá en un estudio.
7 Congruencia Presupuestaria	10%	3.0	El financiamiento de la capacitación de la policía no fue considerado cabalmente, ni en magnitud ni en procedimientos. Es necesario establecer una bolsa central, de la que se asignen fondos incrementales a los estados que avancen en la aplicación de la política, además de las partidas básicas para todos.
8 Cumplimiento: sanciones y monitoreo	10%	8.0	Las sanciones que plantea son correctos en términos generales, pero debe añadirse un sistema de incentivos adecuado para estimular el cumplimiento por los diferentes actores.
9 Evaluación *ex post*	5%	1.0	No la contempla.
Calificación Total		**5.1**	

LA INCIDENCIA DE LA EVALUACIÓN

En el caso de la reforma en materia de justicia procesal penal, cabe destacar que la mayoría de las observaciones que hicieron los evaluadores fueron consideradas en el texto final. A continuación se mencionan algunas de ellas.

La evaluación consideraba como pertinente eliminar el monopolio de la acción penal en el Ministerio Público, pero señalaba posibles dificultades en su aplicación. Esto fue considerado en el primer párrafo del artículo 21 que establece que la legislación secundaría establecerá los casos en los que los particulares podrán ejercer la acción penal.

Por otra parte, se consideró que una reforma de esta naturaleza y escala debe aplicarse de manera paulatina, por medio de proyectos piloto que permitan ajustar el modelo de acuerdo con las condiciones específicas de las entidades federativas. Asimismo, se señaló que en los artículos transitorios deben establecerse etapas o fases del proceso que las mejores prácticas internacionales denominan la secuencialidad de las reformas. El sentido de estas recomendaciones se puede observar en las disposiciones de los artículos segundo y noveno transitorio. El artículo segundo transitorio dispone que el sistema procesal penal acusatorio previsto en la reforma entrará en vigor cuando lo establezca la legislación secundaria correspondiente, sin exceder el plazo de ocho años. Por su parte, el artículo noveno transitorio establece que dentro de los dos meses siguientes a la entrada en vigor del decreto de reforma constitucional se creará una instancia de coordinación integrada por representantes de los Poderes Ejecutivo, Legislativo y Judicial, además del sector académico y la sociedad civil, así como de las Conferencias de Seguridad Pública, Procuración de Justicia y de Presidentes de Tribunales, la cual contará con una secretaría técnica, que coadyuvará y apoyará a las autoridades locales y federales cuando así lo soliciten.

El panel recomendó, de modo general, que el Congreso exija que los fondos de todas las nuevas regulaciones estén presupuestados: que se indique cómo se generará su financiamiento. Esto se estableció en los artículos octavo y noveno transitorios, aunque su aplicación depende de la reglamentación secundaria. El artículo octavo transitorio establece que el Congreso de la Unión, las legislaturas de los estados y el órgano legislativo del Distrito Federal, deberán destinar los recursos necesarios para la reforma del sistema de justicia penal. Las partidas presupuestales deberán señalarse en el presupuesto inmediato siguiente a la entrada en vigor del decreto de reforma y en los presupuestos sucesivos. Este presupuesto deberá destinarse al diseño de las reformas legales, los cambios organizacionales, la construcción y operación de la infraestructura, y la capacitación necesaria para jueces, agentes del Ministerio Público, policías, defensores, peritos y abogados.

Se hizo notar la ausencia del tema de la delincuencia organizada y que es posible afirmar la necesidad de darle un tratamiento legal específico. En el texto aprobado se buscó un equilibrio. La regulación se encuentra en varios artículos: 16, 18, 19 y 20, que establecen la definición de delincuencia organizada, así como disposiciones específicas al respecto.

El panel de evaluadores había considerado que la solución más débil en la reforma era el fondo de reparación del daño cuya definición era deficiente, al incluir la obligación de pagar costos que no son responsabilidad directa del Estado. Esto fue corregido en el texto definitivo. El artículo 20 C, fracción IV establece que son derechos de la víctima o del ofendido que se le repare el daño. En los casos en que sea procedente, el Ministerio Público estará obligado a solicitar la reparación del daño, sin menoscabo de que la víctima u ofendido lo pueda solicitar directamente, y el juzgador no podrá absolver al sentenciado de dicha reparación si ha emitido una sentencia condenatoria. La ley fijará procedimientos ágiles para ejecutar las sentencias en la materia de reparación del daño.

El panel había criticado la utilización indistinta de las nociones de sujeción a proceso y vinculación a proceso, lo cual también fue corregido en el texto final. Un aspecto que no se corrigió y no quedó claro fue que el artículo 19 introduce el concepto de auto de vinculación, pero no establece los casos en que se aplicará.

En otro tema, los panelistas habían considerado que faltó una mayor atención a la defensoría de oficio, lo que fue mejorado sustancialmente en el texto final contenido en el artículo 17 constitucional.

La mayoría de los evaluadores consideraron conveniente la figura de la extinción de dominio, no obstante, se mencionó que sería adecuado reglamentar el artículo 22 de la Constitución, donde ya se establece esa figura. Esto sí fue considerado en el texto final del artículo 22 en el que se establecen en tres fracciones y diversos incisos disposiciones específicas sobre esta figura.

LOS EVALUADORES

Marcelo Bergman

ESTUDIOS
- Doctorado en sociología jurídica, Universidad de California (San Diego), 2001.
- Maestría en ciencia política, Universidad Hebrea de Jerusalén, 1985

(*Magna Cum Laude*).
- Doble licenciatura en ciencia política e historia, Universidad Hebrea de Jerusalén, 1981.

- Profesor investigador titular, CIDE, División de Estudios Jurídicos.
- Profesor, Departamento de Sociología, Universidad de Oregon.
- Director de investigaciones, Programa para el Desarrollo de las Naciones Unidas (PNUD), Buenos Aires, cumplimiento tributario y medición de programas de ejecución (*enforcement*) estatal, 1998-1999.
- Asistente de cátedra. Departamento de ciencias políticas, Universidad Hebrea de Jerusalén.
- Asistente de investigación, Departamento de ciencias políticas, Universidad Hebrea de Jerusalén, 1980-1982.

ACTIVIDADES ACADÉMICAS/ PROFESIONALES

Estadística criminal, estudios empíricos sobre instituciones de seguridad pública y crimen, política pública de seguridad y control del crimen, políticas de control del crimen y seguridad, sociología del derecho, sociología del derecho en América Latina, sociología jurídica.

ÁREAS DE INTERÉS

«Qué medir, cómo y por qué: Algunos indicadores preliminares» (coautor), *Criminalia*, Academia Mexicana de Ciencias Penales, México, 7-22.

«La administración y el cumplimiento tributario: Algunas lecciones a partir de una simulación», *Revista del Instituto* AFIP, Argentina, 8-26, 2007.

«De mal en peor: las condiciones de vida de las cárceles mexicanas» (coautor), *Revista Nueva Sociedad*, Argentina, 208, 118-127.

«Cárceles en México: cuadros de una crisis» (coautor), *Urvio*, Revista Latinoamericana de Seguridad Ciudadana, FLACSO-Ecuador, 74-87. Coautores: Elena Azaola, 2007.

«Do audits enhance compliance? An empirical asessment of VAT enforcement» (coautor), *National Tax Journal*, Estados Unidos, 2005.

«Crime and Citizen Security in Latin America: The Challenges for New Scholarship», *Latin American Research Review*, Estados Unidos, 2005.

PUBLICACIONES RECIENTES

Edgardo Buscaglia

- Postdoctorado en jurisprudencia y políticas sociales, Escuela de Derecho, Universidad de California en Berkeley.
- Doctorado en economía, Universidad de Illinois en Urbana-Champaign.

ESTUDIOS

- Maestría en economía, Universidad de Illinois en Urbana-Champaign.
- Becario Fulbright e ITT, 1985-1989.

ACTIVIDADES ACADÉMICAS/ PROFESIONALES

- Director, *International Law and Economic Development Center*, Escuela de Derecho de la Universidad de Virginia.
- Investigador asociado, *Hoover Institution, Stanford University*.
- Vice-presidente, Asociación Interamericana de Derecho y Economía.
- Asesor económico *senior* de varias organizaciones internacionales en Estados Unidos y Europa.
- Miembro de la Junta sobre Gobernabilidad, Transparencia Internacional.
- Miembro de la Junta directiva, *Analysis and Programming International Consulting Group*.
- Profesor visitante: Universidad de Georgetown; Washington College; Universidad de Ghent, Bélgica; Universidad Nacional de Buenos Aires, Argentina; ITAM, México.
- Articulista invitado en *Wall Street Journal, London's Financial Times, the Christian Science Monitor, the Washington Times, and the Miami Herald*.

ÁREAS DE INTERÉS

Impacto de los marcos legales y judiciales en el desarrollo económico, factores que afectan la integración legal y económica en países en desarrollo, la causas de la corrupción en el sector público, derechos de propiedad intelectual en países en desarrollo.

Análisis económico de sectores judiciales en países con legislación civil y en la implementación de ayuda técnica a los países enfocados en las reformas institucionales del sector público.

PUBLICACIONES RECIENTES

«Controlling Organized Crime Linked to Public Sector Corruption: Results of a Global Trends Study» con Jan van Dijk, United Nations Forum, United Nations Press, 2003.

«How to Design a National Strategy against Organized Crime in the Framework of the United Nations' Palermo Convention» con Samuel Gonzalez-Ruiz en *The Fight against Organized Crime*, UNDP Press, 2003.

«Empirical Foundation for the Implementation of the Palermo Convention» con Jan van Dijk and Mark Shaw en *Max Planck Journal*, 2002.

«An Economic Analysis of Legal Harmonization in Latin America», in *Emerging Markets Review*, Elsevier Science Press, 2001.

«An Economic Analysis of Institutional Integration in the Americas,» in *German Papers in Law and Economics*, BC Press, 2001.

«International Review of Law and Economics», June 2001; *Law and Economics in Developing Countries* with William Ratliff, Hoover Press, 2001.

JOSÉ ANTONIO CABALLERO

- Doctorado en derecho, Universidad de Navarra.   ESTUDIOS
- Maestría en derecho, Universidad de Stanford.
- Licenciatura en derecho, Facultad de Derecho de la UNAM.

- Investigador titular «B», Instituto de Investigaciones Jurídicas, UNAM,   ACTIVIDADES
  1991 ala fecha.   ACADÉMICAS/
- Miembro del SNI, nivel II.   PROFESIONALES
- Actualmente, es profesor investigador visitante en el CIDE.

Justicia, reforma judicial, procuración y acceso a la justicia, historia del   ÁREAS DE INTERÉS
derecho mexicano siglos XIX y XX.

Libro Blanco de la Reforma Judicial en México (coautor), Suprema Corte de   PUBLICACIONES
Justicia de la Nación, 2006.   RECIENTES
El acceso a la información judicial en México: una visión comparada (editor),
  IIJ-UNAM. 2005.
«Derecho romano y codificación. Las sentencias de los jueces mexicanos
  en una época de transición, 1868-1872», *Historia del derecho. Memoria
  del Congreso Internacional de Culturas y Sistemas Jurídicos Comparados*, 2005.
«Juárez y la legislación liberal», en *Juárez jurista*. 2007.
«La jurisprudencia procesal penal de la Primera Sala de la Suprema
  Corte de Justicia de la Nación. Reporte del año judicial de 2005»
  (coautor), en *Estudios jurídicos en homenaje a Olga Islas de González
  Mariscal*, tomo I. 2007.
«La regulación sobre el acceso a la información judicial en México.
  Algunos comentarios sobre el estado de la cuestión», en *El acceso a la
  información judicial en México: una visión comparada*, 2005.
«La independencia de los poderes judiciales a diez años de reforma en
  México», Sección de Reforma Judicial en las Entidades Federativas,
  en *Reforma Judicial. Revista Mexicana de Justicia*, Número 6, 2005.

SAMUEL GONZÁLEZ RUIZ

- Doctorado de investigación en filosofía analítica y teoría general   ESTUDIOS
  del derecho, Universita degli studi: Milano, Bologna, Torino, Pavia,
  Genova, 1990.

- Certificado de la Academia Mexicana de Diplomacia, Instituto Matías Romero de Estudios Diplomáticos, 1999.
- Licenciatura en derecho, Facultad de Derecho, UNAM.

ACTIVIDADES ACADÉMICAS/ PROFESIONALES

- Experto de alto nivel, asesor interregional para asuntos de justicia penal, Oficina de Naciones Unidas contra las Drogas y el Delito, 2000-2003.
- Cónsul de México en España, 1999-2000.
- Titular de la Unidad Especializada en Delincuencia Organizada, encargada de todos los casos de delincuencia organizada en el ámbito nacional, 1996-1998.
- Coordinador de asesores y/o asesor del Procurador General de México, 1994-1996.
- Vicepresidente, Instituto de Administración Pública del Estado de Guerrero, 1992-1993.
- Secretario académico, Instituto Nacional de Ciencias Penales, Procuraduría General de la República, 1989-1993.
- Profesor asociado, Universidad de Sevilla, 1999-2007; Universidad de Bolonia, 1986-1988.
- Profesor de derecho, UNAM; Instituto Nacional de Ciencias Penales, Universidades de Campeche, Querétaro y Oaxaca.
- Delegado de México en la reunión de expertos para la negociación de la Convención de las Naciones Unidas contra la Delincuencia Organizada.
- Investigador nacional nivel I, miembro del SNI, 1994.

ÁREAS DE INTERÉS

Justicia penal, delincuencia organizada, sistemas continental y «common law» del sistema penal, Estado de derecho.

PUBLICACIONES RECIENTES

Instrumentos, análisis y herramientas contra la delincuencia organizada y corrupción (coordinador), Fontamara, México 2007.

Uso legítimo de la fuerza (la fuerza de la razón y la razón de la fuerza), (coordinador), en colaboración con Ernesto Mendieta Jiménez y Gleb Zingerman. En prensa.

«Cómo se percibe el Poder Judicial de la Federación: resultados de una muestra de un estudio empírico» (coautor), *Revista Foro Jurídico de la* ANDD, Febrero de 2007.

Violencia, corrupción y narcotráfico: el desafío de un México democrático (coautor), En prensa.

Lenguaje y significado en las teorías de Kart Popper una confrontación con Kart

Buhler, Cuadernos del Postgrado de la ENEP Acatlán. UNAM serie A no. 4

«Causas y consecuencias del vínculo entre la delincuencia organizada y la corrupción a altos niveles del Estado: mejores prácticas para su combate» (coautor), en *Delincuencia Organizada y Terrorismo. Un enfoque de derecho y economía*, UNAM, 2006.

«Lucha contra la delincuencia organizada y respeto a los derechos humanos: un marco de referencia en la lucha contra el terrorismo» (coautor), en *Delincuencia organizada y terrorismo. un enfoque de derecho y economía.* UNAM, 2006.

«The Factor of Trust and the Importance of Inter-agency Cooperation in the Fight Against Transnational Organised Crime: the US-Mexican Example» (coautor),

SERGIO LÓPEZ-AYLLÓN

- Doctor en derecho, Facultad de Derecho, UNAM, 1997.   ESTUDIOS
- Estudios de doctorado, especialidad sociología del derecho, Universidad de Derecho, Economía y Ciencias Sociales de París (París II), 1989.
- *Diplôme d'Etudes Approfondies en Sociologie du Droit et Relations Sociales*, Universidad de París II, 1987.
- Licenciado en derecho, Facultad de Derecho, UNAM, 1983.

- Secretario académico, CIDE.   ACTIVIDADES
- Profesor investigador, Departamento de Derecho, CIDE.   ACADÉMICAS/
- Investigador titular «A» definitivo de tiempo completo, Instituto de   PROFESIONALES
Investigaciones Jurídicas, UNAM, 1995-2000.
- Secretario académico, Instituto de Investigaciones Jurídicas, UNAM, 1999-2000.
- Jefe de la Unidad de Comercio Internacional, Instituto de Investigaciones Jurídicas, UNAM, 1995-1999.
- Coordinador general de proyectos especiales, Comisión Federal de Mejora Regulatoria, 2001-2003.
- Director de América del Norte y solución de controversias, Dirección general de soporte jurídico de negociaciones comerciales internacionales, Secretaría de Comercio y Fomento Industrial, 1993-1995.
- Investigador nacional nivel II, miembro del SNI, 1996.
- Integrante de la lista de árbitros del Centro Mexicano de Arbitraje (CAM).

ÁREAS DE INTERÉS Acceso a la información, transparencia y rendición de cuentas, poder judicial, regulación, sociología del derecho.

PUBLICACIONES RECIENTES (Con Alejandro Posadas Urtusuástegui) «Las pruebas de daño e interés público en materia de acceso a la información. Una perspectiva comparada», en *Derecho comparado de la información*, México, no. 9, pp. 21-66, enero-junio 2007.

(Con Ali Haddou Ruiz) «Rendición de cuentas y diseño de órganos reguladores en México», *Gestión y Política Pública*, México, vol. XVI, no. 1, 2007.

(Con Alejandro Posadas Urtusuástegui) «Inversión y derecho internacional de la inversión extranjera: reflexión sobre algunas disciplinas adoptadas por México», en *Anuario Mexicano de Derecho Internacional*, México, vol. VI, 2006.

«Reforma económica, transición jurídica y cambio legal en México», *Derecho comparado Asia-México, culturas y sistemas jurídicos comparados*, coord por José María Serna de la Garza, UNAM-IIJ, México, pp. 289-339, 2007.

«La constitucionalización del derecho de acceso a la información: una propuesta para el debate», en *Democracia, transparencia y Constitución. Propuestas para un debate necesario* UNAM-IFAI, México, coord. por Sergio López Ayllón, 2006.

ALFONSO OÑATE

ESTUDIOS
- Doctorando en filosofía del derecho, Universidad de Oxford, 1981.
- Maestría en filosofía del derecho, Universidad de Oxford, 1979.
- Licenciatura en derecho, Facultad de Derecho, UNAM.

ACTIVIDADES ACADÉMICAS/ PROFESIONALES
- Consultor independiente y director de la revista *Nuestra Democracia*, 2004 a la fecha.
- Director ejecutivo, Comisión para la Cooperación Laboral de América del Norte, Washington, DC, 2000-2004.
- Director, Instituto Nacional De Controversias y Acciones de Inconstitucionalidad.
- Oficial mayor, Suprema Corte de Justicia de la Nación 1995-1999.
- Consejero de la Judicatura Federal, 1995-1999.
- Director jurídico, Azúcar, S.A., 1989-1991.
- Director de audiencias, Presidencia de la República, 1985-1987.
- Ha sido profesor de asignatura en la Facultad de Ciencias Políticas y

Sociales y la Facultad de Derecho de la UNAM, la UAM, el Departamento de Derecho del ITAM, el Centro de Estudios Internacionales de El Colegio de México, el Instituto de Especialización Judicial de la Suprema Corte de Justicia de la Nación y el Instituto de la Judicatura Federal.

Derecho constitucional, derecho electoral y administración de justicia. ÁREAS DE INTERÉS

«El segundo imperio», en *Los derechos el pueblo mexicano. México a través de sus constituciones*, LII Legislatura, Cámara de Diputados, IV, 1985. PUBLICACIONES RECIENTES
Los conceptos jurídicos fundamentales de W.N. Hohfeld, Instituto de Investigaciones Filosóficas, UNAM, 1977.
«The Mexico-US, Agreement on Co-operation for the Protection and Improvement of the Environment in the Border: the Position of Mexico» en Paul Ganser y Walter Harmut, *Environmental Hazards and Bioresources Management in the United States-Mexico Borderlands*, UCLA, Latin American Center Publications, Los Angeles, 1977.

Luis Raigosa
- Doctorado en derecho, Universidad Complutense de Madrid, Facultad de Geografía e Historia y Facultad de Derecho. ESTUDIOS
- Licenciatura en Derecho, Facultad de Derecho de la UNAM.

- Profesor-investigador, ITAM, 1990 a la fecha. ACTIVIDADES ACADÉMICAS/ PROFESIONALES
- Coordinador del Diplomado en Argumentación Jurídica (2003-2007).
- Director Interino de la Carrera de Derecho del ITAM, 2003.
- Jefe del Proyecto Sistema de información legislativa de los Congresos de los Estados (*Legislatoris*). En proceso, en colaboración del Senado de la República.
- Consultor del Poder Legislativo Federal y de gobiernos de los estados.
- Investigador Nacional Nivel I del SNI del CONACYT.

Derecho Parlamentario, Derecho Electoral, Derecho Constitucional, Técnica Legislativa, Historia del Derecho, Argumentación Jurídica. ÁREAS DE INTERÉS

La Comisión Permanente del Congreso de la Unión, Miguel Ángel Porrúa-ITAM, México, 2005. PUBLICACIONES RECIENTES
Las funciones legislativas y no legislativas del Senado, Miguel Ángel Porrúa-ITAM, México, 2003.

Las facultades de control del Senado de la República, Miguel Ángel Porrúa-ITAM, México, 2003 (en coautoría con la Dra. Josefina Cortés Campos).

«Los órganos legislativos de los Estados y la facultad de solución de conflictos políticos del Senado de la República», en *El Poder Legislativo Estatal en México. Análisis y Perspectivas*, State University of New York, México, 2004.

«La justicia electoral después de 2007. El diálogo entre órganos constitucionales y la causa abstracta de nulidad en materia electoral», en *Reforma constitucional en materia electoral. Diversos enfoques para su estudio*, Partido Nueva Alianza, México, 2007 (en prensa).

«Aspectos de la evolución del Poder Legislativo en la Constitución de 1917» a publicarse en la memoria sobre el *Ciclo de conferencias sobre la Constitución de 1917*, por la Universidad Autónoma de San Luis Potosí, 2008 (en prensa).

«La técnica legislativa. Algunos elementos para el conocimiento del método para elaborar proyectos de ley», en *Libro Homenaje al Prof. Federico García Sámano*, 2008, (en prensa).

GUILLERMO ZEPEDA LECUONA

ESTUDIOS
- Candidato a doctor en derecho, con especialidad en sociología jurídica, Instituto de Investigaciones Jurídicas, UNAM.
- Maestría en políticas públicas, ITAM.
- Licenciatura en derecho, Universidad de Guadalajara.

ACTIVIDADES ACADÉMICAS/ PROFESIONALES
- Profesional asociado, Centro de Investigación para el Desarrollo (CIDAC), donde coordina el proyecto «Seguridad Ciudadana, Justicia Penal y Derechos Humanos en México».
- Miembro de la «Red de Investigaciones sobre Reformas Penales Comparadas».
- Consultor de políticas públicas.
- Profesor en el Instituto Tecnológico y de Estudios Superiores de Occidente.
- Miembro del grupo asesor del proyecto «Modernización de los Poderes Judiciales Locales» del Banco Mundial.
- Premio Nacional de Derecho y Economía 1999.
- Colaborador de los periódicos *El Economista* y *Milenio*.

Desarrollo institucional, reforma judicial; seguridad ciudadana y justicia penal.

ÁREAS DE INTERÉS

Crimen sin castigo: procuración de justicia penal y ministerio público en México, FCE y el CIDAC.

PUBLICACIONES
RECIENTES

Análisis técnico de la propuesta de reforma al sistema de justicia mexicano, publicado por el Instituto de Investigaciones Legislativas del Senado de la República.

V

EVALUACIÓN DE LA REFORMA FISCAL 2007

PANEL DE EVALUADORES
Mtro. Fernando Calzada
Mtro. Mario Cantú
Dr. Jorge Chávez Presa
Lic. Jorge Covarrubias Bravo
Dr. Carlos Elizondo Mayer-Serra
Dr. Gerardo Esquivel
C.P. José Luis Fernández
Dr. Fausto Hernández Trillo
Mtro. Arturo Herrera
C.P.C. Pablo Mendoza
Lic. Eduardo Revilla
Mtro. Ricardo Samaniego
Mtro. Francisco Suárez Dávila
Dr. Alejandro Villagómez

A. INTRODUCCIÓN

El proyecto de evaluación de leyes es un medio del CEEY para cumplir su misión de fomentar la discusión seria de temas públicos y promover políticas más sólidas y eficaces. El Centro selecciona reformas o nuevas leyes de trascendencia nacional para exponerlas al escrutinio de expertos (académicos, consultores y miembros de organizaciones civiles) que en mesas de análisis las discuten y evalúan. El propósito de estos ejercicios es influir en los tomadores de decisión para que las observaciones de los comités sean recogidas en la legislación final.

El CEEY propuso a un grupo de expertos reconocidos la revisión metódica de uno de los temas más importantes en el calendario legislativo de este 2007: la reforma fiscal cuyo objetivo, según estableció el Ejecutivo al dar a conocer el paquete de iniciativas, era «iniciar una Reforma Integral de la Hacienda Pública en México». La propuesta tenía cuatro «pilares» o propósitos fundamentales: a) mejorar el ejercicio del gasto público y la rendición de cuentas, b) establecer las bases de un nuevo federalismo fiscal, c) terminar con privilegios fiscales, combatiendo la evasión y la elusión, y d) aumentar la recaudación de ingresos tributarios.

El análisis de la reforma fiscal 2007 se llevó a cabo en dos fases: la evaluación de la propuesta del Ejecutivo (las iniciativas presentadas el 20 de junio) y la de la reforma aprobada (los proyectos de decreto que el Senado sancionó el 13 de septiembre). Se llevaron a cabo cuatro reuniones —tres para la primera fase— de 3:30 horas de duración en promedio.

Este documento añade al primer reporte de evaluación de las iniciativas del Presidente la valoración de los cambios que realizó el Legislativo. Su doble propósito es entonces dar cuenta de las mejoras que se incluyeron en los proyectos de decreto y ofrecer un análisis final pormenorizado, si no exhaustivo, del marco legal básico que regirá el origen y destino de los dineros del Estado mexicano por algunos años. El primer objetivo implica una evaluación del desempeño de nuestros legisladores federales; el CEEY, como organización de la sociedad civil, se propone fomentar la participación de ciudadanos en el mejoramiento de las políticas públicas y la disposición de representantes y autoridades para tomarlos en cuenta.

Se procuran consignar todas las observaciones que al menos tres expertos consideraron relevantes. La idea central de quienes otorgaron calificaciones positivas es que la propuesta es un avance merecedor de crédito, en tanto que la de quienes la calificaron de deficiente es que no atiende los verdaderos problemas del país (se dejaron de lado aspectos importantes como el aumento de la base gravable y la confiabilidad del padrón de contribuyentes).

Para realizar la evaluación, se utilizó una escala de 0 a 10, en la que 5 es el punto intermedio entre valoraciones negativas y positivas. Aquí se presentan los promedios porque son indicadores globales de los varios puntos de vista recopilados y porque, a pesar de la variabilidad, la mayoría de los expertos se concentraba alrededor de ellos.

B. OBSERVACIONES GENERALES

Si bien los legisladores hicieron varias adecuaciones a la propuesta del Ejecutivo que le merecen una mejor calificación, la gran mayoría de los panelistas opinó que el conjunto de decretos se queda lejos de una verdadera reforma: no se atendieron los problemas fundamentales de aumentar el padrón de contribuyentes y mejorar la fiscalización.

Se pospone, tal vez por seis años, el establecimiento de bases sólidas para el desarrollo económico, ya que los cambios significativos suelen tener lugar en el primer tercio de la Administración, cuando las autoridades cuentan con un «bono» electoral y el ejercicio del poder no ha desgastado su capacidad de aplicar su agenda.

El nuevo impuesto a las empresas es la pieza central de la propuesta. Se trata de un buen esfuerzo inicial, aunque claramente insuficiente, por aumentar la recaudación fiscal y erradicar vicios importantes como son la desaparición del Impuesto al Activo (IMPAC) y la eliminación de facto de los regímenes especiales, que tradicionalmente no han sido gravados en forma equitativa. Muchos expertos insistieron en que la convivencia entre el Impuesto Empresarial a Tasa Única (IETU) y el impuesto sobre la renta debe ser temporal (se planteó que la sustitución del ISR por el IETU debería hacerse explícita en un artículo que estableciera una transición con un plazo determinado, por ejemplo, de tres años).

Alrededor del IETU se presentan, por una parte, consideraciones de gasto en cuatro iniciativas (incluidas las relativas al federalismo) para mostrar voluntad de aplicar los ingresos en forma más eficiente y equitativa, y por la otra, el Impuesto a los Depósitos en Efectivo (IDE), Impuesto Contra la Informalidad, como ejemplo de que el esfuerzo recaudatorio no se circunscribe a los causantes cautivos.

En términos fiscales, será equivocado considerar un éxito para las finanzas públicas la aprobación del impuesto a las empresas, ya que sus efectos reales estarán lejos de satisfacer las necesidades del país: los ingresos adicionales, de acuerdo con la Secretaría de Hacienda y Crédito Público (SHCP), serán de 1% en 2008, que representa solamente 0.3% de mayor crecimiento del PIB (aun la estimación original de un aumento de 1.8% del PIB a partir de 2009 es claramente insuficiente para lo que se requiere).

Se debe reconocer que el aumento en la recaudación se canaliza correctamente a destinos prioritarios en el Presupuesto de Egresos de 2008: PEMEX, infraestructura, seguridad, educación y salud.

Los evaluadores señalaron enfáticamente que el paquete de decretos evita dos temas fundamentales. No se presenta ninguna medida destinada a ampliar la base de contribuyentes (el impuesto a la informalidad dista mucho de lograrlo), ni se ofrecen medidas para mejorar la fiscalización que realizan la SHCP y el Servicio de Administración Tributaria (SAT), considerada muy deficiente por casi todos los panelistas.

Como parte de la reforma fiscal, las autoridades abordaron el importante tema de las fórmulas para distribuir los recursos federales a las entidades del país, y propusieron modificaciones. Los panelistas reconocieron ese esfuerzo, pero cuestionaron algunos planteamientos que parecen ir en contra del espíritu de la propuesta.

Varios sectores reaccionaron eficazmente frente a la iniciativa de la CETU y lograron cabildear a su favor ciertas reformas en lo que acabó siendo el IETU. Así, los agricultores obtuvieron el mismo nivel de exención que en el ISR; las donatarias autorizadas (filantrópicas, escuelas, etc.) prácticamente quedaron fuera del IETU, las empresas que pagan regalías (industria cinematográfica, editorial y discográfica) recuperaron la deducción de regalías que no contenía la CETU. El sector que no se movió —o no se dio cuenta de lo que traía la reforma— y salió perdiendo fue el sector laboral.

En los proyectos de decreto se dejaron sin corregir deficiencias importantes (señaladamente errores de construcción y algebraicos en las fórmulas de distribución de participaciones federales a los estados). En parte, esto se debe a que desafortunadamente la discusión de las reformas se concentró en el nuevo impuesto a las empresas. Otro factor que afectó la calidad de la revisión de las iniciativas fue que se alteró el orden de prioridad en la atención que el Legislativo prestaba a los diversos temas: cuando las comisiones debían estar discutiendo la reforma fiscal de tiempo completo, el conjunto de los legisladores se volcó a discutir el formato del informe presidencial. Ante la opinión pública, el aspecto más relevante es el impuesto a la gasolina, que queda como «el posparto de las reformas».

Debe hacerse mención aparte de la reforma fiscal de PEMEX, que también forma parte del paquete. Se trata de un incorporación tardía que complicó la negociación. Se efectuó una reducción de los impuestos que paga PEMEX (particularmente los derechos ordinarios sobre hidrocarburos). Esto significa 30 mil millones de pesos adicionales para la empresa, pero reduce el monto original para el Gobierno Federal.

La calificación global de la Reforma Fiscal 2007 fue de 6.1, en tanto que la propuesta del Ejecutivo había obtenido 5.2 (al IETU se le asignó un peso mayor que el de las otras unidades evaluadas). Esto indica se aplicará un conjunto de legislación «apenas satisfactoria», preferible al paquete de iniciativas originales (cuyos puntos negativos y positivos prácticamente se compensaban).

C. CAMBIOS IMPORTANTES A LAS INICIATIVAS DEL EJECUTIVO

1 IMPUESTO EMPRESARIAL A TASA ÚNICA (IETU)

Los legisladores realizaron tres adecuaciones muy importantes a la iniciativa original. Se introdujo un esquema para el acreditamiento de los salarios y la seguridad social, un régimen de transición para inventarios (que las tiendas autoservicio cabildearon) y un tratamiento especial para las inversiones en curso (que no incluye terrenos).

En el decreto se restablece el trato especial a las instituciones filantrópicas y educativas. Las colegiaturas de las escuelas particulares serán gravadas, pero excluyendo a las instituciones donatarias. Esto facilitará además las operaciones de las fundaciones filantrópicas que son dueñas de sociedades anónimas que les revierten sus excedentes.

En cuanto al objetivo básico de aumentar la recaudación, el IETU rendirá magros frutos. Se trata de un impuesto indirecto que se calcula sobre la base de la utilidad y que no es acreditable ante el ISR. En la práctica, habrá pocos ingresos por el IETU, pues las empresas preferirán pagar el ISR. En la planeación de éste se buscará diferir deducciones y llegar al 17.1%, de modo que se pague el mínimo para que no se tenga que pagar el IETU. Debe mencionarse, no obstante, la importante y muy positiva inclusión en el IETU de la mayor parte de los sectores que componían los regímenes especiales del ISR.

Un tema que los panelistas subrayaron con preocupación en el reporte de evaluación de la propuesta del Ejecutivo fue la acreditación del impuesto con los socios comerciales. La acreditación en Estados Unidos no se ha conseguido, y dadas las experiencias anteriores y las de otros países, es de esperar que no se produzca.

Por otro lado, con el crédito al empleo que incluye el IETU una buena parte de los gastos de previsión social son deducibles. Quedan fuera de estas deducciones el fondo de pensiones adicionales al IMSS, vales de comida, horas extras, prima dominical, aguinaldo, prima vacacional y seguro de gastos médicos.

Un cambio positivo fue incluir un periodo de transición para la incorporación de este impuesto. Sin embargo, todavía hay puntos pendientes en la transición. ¿Qué pasa con las empresas que tienen un crédito a varios años y cuyo pago de intereses ya no está contemplado como deducible por el nuevo impuesto?

Hay transitorios importantes que no aparecen en la reforma: los concernientes al tratamiento de los inventarios y de las pérdidas. Existe el compromiso en los mismo transitorios que la autoridad debe definirlos, pero no se especifican tiempos. Este tema es muy importante porque de no atenderse generará demandas de amparo y distorsiones. Tampoco está considerado el tema de la adquisición de terrenos, que es fundamental para la industria inmobiliaria.

El esquema quedó más complicado que antes porque se deben calcular dos impuestos. Es probable que surjan demandas de amparo con alta probabilidad de que los recursos procedan debido a que existirían dos impuestos que en principio gravan lo mismo.

Los evaluadores reconocen que el Legislativo atendió buena parte de las observaciones que se le hicieron a la iniciativa. Es una reforma aprobatoria, pero en términos generales es un parche, como el IMPAC. Todavía debemos resolver los problemas básicos de la recaudación en México.

Entre los puntos importantes que quedan sobre este nuevo impuesto pueden mencionarse:

a) Se reafirma la importancia de lograr que el IETU sea acreditable en los países de nuestros socios comerciales pues nos hace competitivos, genera inversión productiva y genera certeza. Es la modificación más necesaria.

b) En los transitorios deberían haberse incluido varios elementos: los inventarios (para evitar amparos), las pérdidas por deducción inmediata (revisar la concesión que en 2001 se otorgó a los sectores de transporte y agropecuario), las maquiladoras (para que no se desplacen a otros países), y los terrenos, tema que se olvidó considerar en las «inversiones nuevas».

c) Sobre los pagos provisionales, debe considerarse que ante la imposibilidad de que las empresas tengan un sistema de flujo de efectivo al 100%, se presentan tres alternativas para su cálculo: un coeficiente de deductibilidad, una cantidad mensual igual a la pagada el año anterior, o un pago estimado con base en el impuesto que se espera se pagará en 2008 dividido entre 12 meses.

d) Los cambios favorables con respecto a la situación actual pueden resumirse en que los sectores agropecuario y de autotransporte pierden sus prerrogativas, se redujo el presupuesto de cargos fiscales, se reconocieron deducciones legítimas, se dio lugar a la consolidación fiscal, se incluyeron varios transitorios (aunque faltan otros), se aceptó el acreditamiento de sueldos. Por el lado negativo, faltó incorporar a PEMEX, CFE y Luz y Fuerza del Centro al IETU.

Con los cambios que los legisladores hicieron a la iniciativa original, la calificación del IETU, pasó de 5.7 a 6.4 en una escala de 0 a 10, en la que el 5 divide las notas positivas de las negativas

2 IMPUESTO A LOS DEPÓSITOS EN EFECTIVO (IDE)

El proyecto de decreto incluye algunas mejoras importantes a la iniciativa. En primer lugar, es acreditable contra otros impuestos. Es un impuesto que financia al Estado anticipadamente. Los bancos, que tendrán que retenerlo, tienen ventajas al quedarse con los impuestos por tres días al mes.

No lesiona la actividad del sector formal. Los legisladores mejoraron la iniciativa presidencial en varios aspectos, pero la vigencia anterior era más adecuada. Los panelistas consideran que sí es implementable.

La apreciación general es que no va a ser un impuesto recaudatorio y la exposición de motivos lo reconoce; en contra de esto, un estudio del Banco Mundial dice que sí va a ser recaudatorio.

La calificación final del IDE fue de 7.0 en una escala de 0 a 10 (la iniciativa original recibió una nota de 5.5).

3 CÓDIGO FISCAL DE LA FEDERACIÓN

Tuvo pocas modificaciones, a no ser por el tema de terrorismo, que pudo trabajarse mucho más, y la eliminación del aspecto de fiscalización. Las devoluciones quedaron con plazos más cortos. El cambio más acertado fue la eliminación de la responsabilidad solidaria de los coadyuvantes. Con todo, la ley es bastante deficiente.

La iniciativa presidencial había obtenido una calificación de 2.2, que subió a un todavía deficiente 4.2 en el proyecto de decreto. La escala va de 0 a 10.

4 MODIFICACIONES EN MATERIA DE GASTO PÚBLICO

Los legisladores realizaron varios cambios positivos, entre los que se cuentan: a) obligar al Ejecutivo a realizar reducciones programadas de gasto corriente por 5% anual; b) obligar a realizar economías a PEMEX, CFE y Luz y Fuerza; c) evaluar el funcionamiento de las delegaciones federales, y d) fortalecer, en alguna medida, la Auditoria Superior de la Federación. Asimismo, fue afortunada la eliminación del que hubiera sido el nuevo Consejo Nacional de Evaluación de Políticas Públicas.

La calificación de los cambios en materia de gasto público pasó de 5.2, en la iniciativa original, a 6.0 en el proyecto de decreto. La escala va de 0 a 10, donde el 5 divide las notas positivas de las negativas.

5 MODIFICACIONES EN MATERIA DE FEDERALISMO

El impuesto a la gasolina finalmente se desvirtúa. No va en el sentido de un auténtico federalismo, en que los gobiernos de los Estados aumentan sus propias fuentes de recaudación. Al ser, en la práctica, un impuesto federal, 100% participable, en que la tasa se determina por el Congreso Federal, es en realidad una forma de aumentar las participaciones. Los Estados continúan sin asumir su costo político por recaudar. Este costo lo sigue asumiendo el Gobierno Federal y el Congreso.

Las propuestas federalistas son muy modestas en realidad, y se resumen en dos mejoras importantes: para aumentar la recaudación de los estados y municipios se establecen incentivos en las fórmulas, y se modifica el criterio para definir las aportaciones a la educación (FAEB), que en adelante no se basará en el número de maestros, sino el de alumnos.

El diseño de las nuevas fórmulas de distribución de las participaciones federales tenía dos supuestos: no reducir los ingresos de ninguna entidad y promover el criterio resarcitorio sobre el compensatorio. Sin embargo las fórmulas no hacían operativas tales condiciones. Se dejaron de corregir errores de construcción y algebraicos en las fórmulas, que distorsionan cualquier ejercicio de simulación. Algunos panelistas consideran que se puso un promedio móvil para engañar a los gobiernos estatales.

Los errores de la reforma denotan la incapacidad de los gobiernos estatales para negociar con las autoridades federales. Se creó la ilusión monetaria fiscal de que todos los estados tendrán más recursos por el IETU y el Impuesto Especial Sobre Producción y Servicios (IEPS), pero en realidad lo que algunos estados ganen lo perderán otros en términos relativos.

Basar el ingreso local en el IEPS es muy riesgoso porque, si se cae el precio del petróleo, se cae la recaudación.

El gran perdedor con las nuevas fórmulas de distribución fue el Distrito Federal porque su población ya casi no está creciendo. Con el impuesto a la gasolina, el ganador fue el Estado de México.

Podría pensarse que ante los problemas de calentamiento global, la izquierda debió haber salido a defender este impuesto. Sin embargo, el PRD se pronunció fuertemente en contra de él, e incluso Andrés Manuel López Obrador fue a la Cámara de Diputados para hablar en contra de la Reforma Fiscal. En los hechos, y a pesar de que el PRD presentó una iniciativa de reforma fiscal propia, sus bancadas en las Cámaras no montaron una oposición frontal al impuesto.

Con esta reforma, los ingresos a nivel federal se concentran aun más. Por eso pareció necesario crear un fondo para compensar a los estados menos favorecidos con el IEPS. Evidentemente, el impuesto de las gasolinas es regresivo, porque los estados más desarrollados van a tener más consumo de gasolina y más ingreso por este concepto.

El impuesto a la tenencia de automóviles desaparece en el 2014, en la medida de que los estados lo pongan. Es una forma de cumplir con las promesas de campaña a sabiendas de que no va a suceder.

La calificación final de las modificaciones legales en materia de federalismo fiscal fue de 5.3 en una escala de 0 a 10, donde 5 indica medianía. (Prácticamente la misma nota que había recibido la iniciativa: 5.0).

D. EVALUACIÓN DE LA REFORMA FISCAL 2007

1 IMPUESTO EMPRESARIAL A TASA ÚNICA (IETU)

Definición del problema
Como debilidades básicas del sistema actual, la iniciativa señala tanto los altos niveles de evasión y elusión fiscales, como la posibilidad de utilizar estrategias que distorsionan a la baja las obligaciones de los causantes.

El propósito del nuevo impuesto a las empresas es recaudar más, concentrándose en quienes no están pagando o pagan poco porque la ley actual se los permite (los regímenes especiales, como el del sector de autotransporte y el de la agroindustria). Para ello se tomarán en consideración ingresos totales, con pocas deducciones, estableciendo una base gravable mínima para algunos y a la vez una máxima para otros, al ser un impuesto alterno al ISR. Se quieren establecer condiciones más equitativas al gravar por igual a los que tienen la misma capacidad contributiva.

Se presentaron dos perspectivas en cuanto a la función del nuevo impuesto. Varios expertos consideran que el IETU fue planeado como un impuesto de control de las obligaciones del ISR, que no lo mejora ni lo sustituye. Esto implica que la SHCP reconoce la necesidad de un impuesto alternativo, pues el SAT no puede cobrar lo suficiente con los instrumentos que tiene. Otros, en cambio, piensan que técnicamente no se trata un impuesto de control (del ISR) como sí lo es el IMPAC o incluso el IVA, sino un impuesto parecido al ISR que establece un «sistema dual» porque también grava ingresos, pero de sujetos diferentes y sobre bases gravables diferentes.

La mayoría de los panelistas opinó que si bien el diagnóstico del Ejecutivo sobre los problemas de la hacienda pública es adecuado en cuanto a los aspectos inmediatos, no explica a qué se debe ese estado de cosas. La iniciativa carece de instrumentos que permitan su incidencia en segmentos que hoy en día no tributan. Se pospone, entonces, la urgente tarea de expandir la base de contribuyentes. Asimismo, la iniciativa omite el tema de la fiscalización, parte fundamental de cualquier proyecto de verdadera «reforma» fiscal. En todos los países desarrollados se cuenta con elementos efectivos de control que permiten la planeación adecuada de los ingresos, no así en el nuestro. Una deficiencia básica del sistema actual es la carencia de un número confiable de identificación personal (por ejemplo, la base de la CURP es errónea en un 30%).

Más de la mitad de los expertos considera que, en vez de establecer un nuevo impuesto a las empresas, lo conveniente para el país hubiera sido llevar a cabo una revisión a fondo del ISR para corregir y adaptar a las circunstancias actuales un impuesto ya probado y correcto en su planteamiento general.

El IETU incide en el empleo, al no permitir la recuperación —ya sea mediante deducción o acreditamiento— de diversos pagos que realiza el empleador a favor de los trabajadores. Por ser una consecuencia importantísima de la reforma fiscal, dedicamos varios párrafos a explicar este punto.

El IETU no permite la deducibilidad de la nómina. No obstante, el IETU establece que el pago de la nómina y los pagos de las cuotas del IMSS se sujetarán a un mecanismo de acreditamiento. Esta mecánica consiste en acreditar o restar contra el IETU a cargo un monto equivalente al 17.5% de los sueldos que sirvieron de base para el ISR de los trabajadores y del 17.5% del monto pagado por cuotas del IMSS.[1]

Lo anterior genera los siguientes efectos:

1 Para efectos del IETU, el pago de la nómina y de las aportaciones de seguridad social[2] es neutral, puesto que el acreditamiento otorga el mismo efecto que la deducción

2 No obstante lo anterior, el acreditamiento sólo se establece sobre salarios sujetos a retención de ISR, por lo tanto, no tienen efectos fiscales de deducción o acreditamiento —convirtiéndose en un costo para el empleador— los siguientes conceptos:

    a) Previsión social

    b) Aportaciones a los fondos de pensiones y jubilaciones adicionales a los del IMSS

    c) Horas extras

    d) Prima dominical

    e) Cajas de ahorro y fondos de ahorro

    f) Gratificación anual (aguinaldo)

---

1   La Tasa del IETU será del 16% para 2008, del 16.5% para 2009 y del 17% en adelante.

2   Incluye cuotas al INFONAVIT.

g) Prima vacacional
h) Participación a los Trabajadores en las Utilidades de la Empresa (PTU)
i) Reembolso de gastos médicos
j) Otros ingresos por salarios

Según el Presupuesto de Gastos Fiscales del SAT, el costo para el fisco por estos conceptos suman la cantidad de 90 mil 367.9 millones de pesos (casi un punto del PIB). Esta cantidad representa el costo de deducción, por parte de los patrones, en el ISR a la tasa del 28% y la exención en el propio ISR para los trabajadores que perciben esas erogaciones relacionadas con el salario.

Así pues, los patrones pagan por esos conceptos un monto total de 322 mil 742.5 millones de pesos anualmente, lo que multiplicado por la tasa del 17.5% da un total de 56 mil 479.93 millones de pesos. (En este monto no quedan cubiertas las primas de antigüedad, retiro e indemnizaciones u otros pagos por separación, los cuales tampoco son deducibles o acreditables en el IETU).

Puede observarse que el pago de la nómina servirá de base para recaudar en el IETU poco más de 56 mil millones de pesos (alrededor de medio punto del PIB), por lo que una parte substancial de la reforma fiscal tendrá su base en el empleo impactándolo negativamente.

Se concluye que, dado que la demanda del empleo es inelástica, los costos asumidos por el patrón repercutirán tarde o temprano en el trabajador. Para aquellos patrones que no tienen empleados sindicalizados, la forma de evitar el IETU será la de contratar bajo un esquema de honorarios (los cuales sí son deducibles en el IETU).

La acreditación en Estados Unidos no se ha conseguido, y dadas las experiencias anteriores y las de otros países, es de esperar que no se produzca. El país que ha estado más cerca de lograr la acreditación del impuesto por el Senado norteamericano es Italia, pero luego de siete años de negociación todavía no la consigue. Propuestas análogas de Honduras, Perú y Rusia ya han sido rechazadas. Nuestro país tiene avanzadas las negociaciones de acreditación con Brasil y Eslovaquia.

Como el costo asociado por la nómina no es deducible, el IETU es, paradójicamente, un impuesto al empleo. Si se puede deducir y el trabajador queda exento, es un beneficio para el trabajador. De lo contrario, si la empresa no puede deducir el impuesto, lo traslada al trabajador porque el empleo tiene una demanda más bien inelástica. El trabajador es el que paga el costo de la reforma, y la relación obrero-patronal va a resentirlo.

Se habla de que en el caso de la industria maquiladora, que tiene un gran costo de mano de obra y una gran facilidad para moverse, existe un acuerdo con el Presidente para que se les excente del pago. Aquí se produce el «amparo del envidioso» ¿Cómo sostener que para alguien el impuesto es deducible y en otro no? Al parecer, el sector de autotransporte se acercó al SAT para conseguir la exención. La autoridad aun no resuelve qué se puede acreditar.

Por todo ello, el promedio de calificaciones de los evaluadores fue de 6.5, en el tercio inferior del rango positivo de la escala (0 a 10).

Aspectos positivos

En general, los evaluadores consideraron que a pesar de sus limitaciones, la iniciativa mejorará la situación actual en caso de ser aprobada. Su mérito principal es reducir los privilegios de algunos sectores, y cerrar las oportunidades de prácticas evasivas (propone un régimen más estricto que el de hoy en día).

El IETU es una propuesta ingeniosa en cuanto a darle la vuelta al cabildeo de los sectores productivos, que hasta el momento han promovido sus intereses sobre el de la nación en su conjunto. Habrá que evaluar en el camino algunos ajustes necesarios para el buen desempeño del impuesto. Cómo gravar a los pequeños contribuyentes (más de 3.5 millones) y al sector primario seguirá siendo un reto.

En opinión de algunos expertos, si se toman en cuenta las restricciones que en la práctica impone la situación política —la incapacidad de formar una gran coalición a favor de gravar con IVA todos los productos y servicios—, las mejoras que cabe esperar del IETU son considerables: es el primer paso en dirección a un nuevo sistema. Ya que el padrón actual no resulta efectivo, se buscará aplicar una nueva forma de medir las contribuciones.

Aspectos negativos

Los inconvenientes principales son que por razones políticas quienes no pagan en la actualidad seguirán sin hacerlo («más de los mismo para los mismos»), y que el costo de cumplimiento se incrementará porque el doble cálculo hará más complicado observar las obligaciones fiscales. En general, los costos están subestimados y los beneficios —en particular el incremento en la recaudación— muy sobrestimados. Esto último es así porque, al omitirse mejoras de fiscalización, las debilidades de la administración tributaria reducirán el potencial recaudatorio de los cambios.

Hay una gran confusión sobre los objetivos que persigue el IETU (generar empleo, apoyar la competitividad, recaudar, mejorar el control), ya que se trata de propósitos en buena medida contradictorios entre sí.

Algunos panelistas son de la opinión que reducir o eliminar los regímenes especiales no justifica la introducción del IETU: si el gobierno pretende gravar más o menos efectivamente el ingreso de los causantes, lo acertado es modificar la Ley del ISR y no generar otro impuesto para lograr indirectamente el objetivo.

También muy relevante es que con esta propuesta de impuesto, el presidente Felipe Calderón abandona una de sus promesas de campaña más importantes: establecer un impuesto de tasa única. Más de la mitad de los panelistas consideró que procurar establecer dicha tasa habría sido mejor que aplicar un impuesto complicado y de magros frutos, como el IETU. Algunos evaluadores apuntaron, sin embargo, que este nuevo gravamen puede considerarse como el inicio de una transición a la tasa única.

El nuevo impuesto a las empresas se aplicará a todos los servicios, incluyendo algunos que sería conveniente dejar fuera, como la educación (y hasta la prestación de auxilio médico en la vía pública). También se mencionó que es incorrecto tasar igual a quien evade y a quien ha tomado ventajas claramente previstas en la ley.

Es muy grave que la iniciativa haya omitido estimaciones sobre el impacto del impuesto en el empleo y la inversión. Sobre ésta, debe subrayarse que resultarán muy afectadas las empresas que han realizado inversiones con apalancamiento y que no pueden deducir intereses. Se requiere un tratamiento transitorio para ellas.

Algunos evaluadores subrayaron que el IETU encarece el costo del empleo. El gobierno propone trasladar al patrón el costo que hoy asume el Estado con la deducibilidad de los salarios y la previsión social (IMSS, INFONAVIT, Afores, vales de despensa, guarderías, etc.) y la exención limitada para el trabajador que la recibe. Si los patrones de empresas medianas y pequeñas modifican su sistema de contratación por el de honorarios (deducibles en el IETU), dejarán a sus «empleados» sin seguridad social. Otros expertos, en cambio, consideraron que los impuestos a los ingresos de las empresas necesariamente afectan el empleo, por lo que se tienen que aceptar sacrificios moderados a este respecto a cambio de mayores ingresos para el gobierno.

En cuanto al rubro de equidad, imprescindible en una reforma fiscal, varios panelistas consideraron que no gravar a quienes realizan inversiones en acciones va en contra del espíritu de la ley propuesta;

se trata de un elemento regresivo del sistema actual cuya permanencia constituye una deficiencia insoslayable de la reforma. Por otra parte, el IETU afectará tres grupos básicos: quienes en la actualidad pagan poco por regímenes especiales, quienes realizan prácticas elusivas y, finalmente, quienes pagan lo que les corresponde (principalmente empresas medianas y pequeñas), que aportarán una fracción desproporcionada de la nueva recaudación.

De igual manera, parece inadecuado e injusto que para algunos causantes (los que eluden), el sistema establece un mínimo (el IETU), y para otros (los que cumplen), el máximo que es el ISR normal.

Hay transitorios importantes que no aparecen en la reforma: los concernientes al tratamiento de los inventarios y de las pérdidas. Existe el compromiso en los mismo transitorios que la autoridad debe definirlos, pero no se especifican tiempos. Este tema es muy importante porque de no atenderse generarán demandas de amparo y distorsiones. Tampoco está considerado el tema de la adquisición de terrenos, que es fundamental para la industria inmobiliaria.

El IMPAC, como control, era más efectivo que el IETU. El IMPAC evitaba que se tuvieran pérdidas; con su eliminación, el ISR se queda sin piso. Apenas en diciembre, el Congreso propuso reformas a la ley del IMPAC para que recobrara su poder recaudatorio, pero ahora se le elimina. Varios panelistas piensan que debió corregirse el IMPAC en lugar de instrumentar un nuevo impuesto; otros consideran que el esquema IETU-ISR es mejor porque se visualiza como una transición hacia un nuevo paradigma tributario, aunque no se prevé que sea en el corto plazo. De hecho, la reforma señala que se estudiará la conveniencia de que en el 2011 desaparezca el ISR y se quede solo el IETU.

Calificación

El promedio de las notas de los panelistas fue de 6.4 en una escala de 0 a 10, donde 5 indica medianía. Como ya se mencionó, algunos expertos otorgaron una buena calificación a la iniciativa porque ofrece avances dadas las restricciones políticas, mientras que la apreciación de otros fue que la propuesta es claramente deficiente si se consideran las necesidades del país. La mayoría de las notas estuvo cerca del promedio.

2 IMPUESTO A LOS DEPÓSITOS EN EFECTIVO (IDE)

Definición del problema

El Ejecutivo presentó un IDE. La intención es contener las actividades y desarrollo de la economía informal, limitando las transacciones con las que se resguardan sus ganancias. La pirámide económica de la informalidad concentra los flujos bancarios y llegará el punto en que el nuevo gravamen los complique. La propuesta contempla una tasa de 2% acreditable contra el impuesto sobre la renta. Esta mecánica de deducción de retenciones de un banco es algo probado, y no debe presentar problemas de funcionamiento.

La medida no aumenta las obligaciones de quien ya paga impuestos. Si bien la ley no será útil para frenar la evasión de personas físicas, sí afectará a las organizaciones que funcionan como empresa. La iniciativa hubiera requerido una serie de modificaciones dirigidas a mejorar la fiscalización y reducir el lavado de dinero. También se considera que este impuesto tendrá una vida relativamente corta por su desgaste natural. Por todo ello, el IDE recibió una calificación de «regular».

Aspectos positivos

Todo esfuerzo destinado a limitar las operaciones informales, en la medida que el costo sea pequeño, deben ser bienvenidas. Hay que tomar en cuenta que el ICI es un impuesto con una función de corto plazo y que no está dirigido a aumentar la recaudación de manera importante.

Algunos evaluadores señalaron que este nuevo impuesto hará notar la ineficiencia del SAT y la extendida disposición política de permitir actividades económicas irregulares; se podrán esperar, entonces, esfuerzos más directos para enfrentar este fenómeno.

Así pues, a pesar de que este gravamen no ayuda a resolver la falta de ingresos y de que su nombre debería ser más modesto, cumplirá una función relevante y se justifica normativamente.

Aspectos negativos

El comercio informal elude varias obligaciones (por ejemplo las relacionadas con el empleo como Seguro Social y prestaciones); por ello la mayoría de los evaluadores considera evidente que la informalidad no es solo un tema de contribución, sino que se debe a muchos factores. Así pues, aun en sus propios términos, la propuesta es muy limitada.

La medida es un esfuerzo del gobierno para no concentrarse únicamente en los contribuyentes cautivos. Sin embargo, la gente va a encontrar como darle la vuelta. Es previsible que los afectados se comporten de modo que disminuya la efectividad del impuesto (pulverizando cuentas, por ejemplo). Se trata de un impuesto muy ineficiente, ya que impondrá una carga a muchos agentes con baja recaudación como resultado (se sabe que el 1% de las cuentas acumula más del 90% de los depósitos: ahí debió enfocarse el esfuerzo).

Mientras que existan sectores informales financieros, como son los centros cambiarios o casas de préstamo y empeño, difícilmente se podrá lograr el objetivo de este impuesto. Habrá que vigilar que no se convierta en una medida perversa, al desbancarizar a los informales cuyo origen del recurso es lícito, y bancarizar en parte a los que quieran blanquear dinero a la tasa prevista.

Por lo anterior, quizá la preocupación principal fue la del papel del SAT como entidad fiscalizadora. Algunos expertos opinaron que el paquete de iniciativas en su conjunto —el ICI incluido— supone que el SAT funciona adecuadamente cuando no es así. Otros, en cambio, fueron de la idea de que el gobierno quiere retener por medio de los bancos precisamente porque el SAT es ineficiente. Hubo acuerdo general en cuanto a la necesidad urgente de establecer mecanismos de auditoría y evaluación que lo hagan más transparente y que contemplen sanciones.

Otra deficiencia muy importante es que la iniciativa no incluye estimaciones de recaudación, lo que va contra la ley. Algunos evaluadores piensan que esto se debe a que el gobierno sabe que la gente se comportará estratégicamente para evitar el impuesto; anticipando una baja recaudación, la autoridad oculta las cifras.

Finalmente, se mencionó que un efecto directo del ICI será el desestimular parcialmente el uso del sistema bancario. Hace falta un compromiso de la SHCP para mejorar los servicios financieros y «bancarizar» al país.

Calificación

El IDE obtuvo la mejor evaluación entre las unidades evaluadas de la Reforma Fiscal: 7.0 en la escala de 0 a 10. Esto la coloca cerca de la mitad del rango positivo, con una nota que puede interpretarse como «regular».

3 CÓDIGO FISCAL DE LA FEDERACIÓN (CFF)

Definición del problema

Dentro del paquete de iniciativas, la reforma al CFF es la que tiene menos promoción. Las modificaciones al código, en términos generales, regulan casos de excepción, lo que denota la falta de actuar en forma integral. El propósito principal se restringe a castigar la evasión y la elusión con multas más cuantiosas. Persiste por ello el gran problema del carácter regresivo de la administración federal de impuestos (los causantes con más recursos pueden contratar mejores contadores y, por ende, pagar menos impuestos). La opinión general de los panelistas es que los cambios al CFF son discrecionales y están mal diseñados.

Aspectos positivos

Los coadyuvantes del fisco desempeñan un papel muy relevante: los contadores públicos certificados dictaminan anualmente casi el 80% de la recaudación y determinan en gran medida la carga fiscal de sus clientes; los corredores públicos fungen como fedatarios en la constitución, fusión y liquidación de empresas que pueden ser usadas en esquemas de evasión o elusión fiscales; los notarios intervienen en la compraventa de bienes raíces y dan fe respecto a herencias, donativos y préstamos que se pudieran utilizar de forma ilegal para disminuir las obligaciones fiscales; los agentes y apoderados aduanales controlan el flujo de comercio exterior por medio de los pedimentos, además de determinar el IVA correspondiente.

Dada la importancia de éstos coadyuvantes, algunos expertos consideraron, en el análisis de la iniciativa presidencial, que era imprescindible establecer cierto grado de corresponsabilidad y los incentivos correctos para que su actuación sea apegada a derecho. La mayoría de los panelistas, no obstante, consideró equivocado asignar responsabilidad solidaria a los coadyuvantes, que hubiera servido de pretexto para castigar a los profesionistas que dieran una opinión diferente al criterio de la SHCP.

Por lo anterior, en general los panelistas recibieron con agrado la eliminación de la responsabilidad solidaria de los coadyuvantes, que consideraban una medida discrecional inaceptable por dos razones básicas: hubiera entorpecido una actividad lícita de profesionistas (contraviniendo el artículo 5 de la Constitución) y limitado las operaciones de las empresas, que deberían tener la libertad de contratar expertos para que las asesoren.

La mayoría de los evaluadores retomó el tema del SAT para señalar que su diseño mismo es incorrecto, ya que enfatiza la imposición de multas (a quienes dan muestras de estar en situación irregular) en lugar de incentivar a todos los causantes a ser más cumplidos.

Se convino en que las modificaciones al CFF están diseñadas para generar multas y recargos, no para mejorar la recaudación en realidad.

Calificación

Los cambios al código fiscal recibieron una calificación promedio de 4.2, en una escala de 0 a 10 donde 5 indica medianía. Se trata de una pieza de legislación deficiente en términos generales.

4 MODIFICACIONES EN MATERIA DE GASTO PÚBLICO (CONSTITUCIONALES Y LEGALES)

Definición del problema

Los cambios más importantes que discutieron los expertos fueron el establecimiento del presupuesto por resultados, la creación del Consejo Nacional de Evaluación de las Políticas Públicas y la homologación de los sistemas contables de los tres órdenes de gobierno. Con ellos se pretende mejorar la planeación y ejecución del gasto, así como reforzar la rendición de cuentas.

La impresión general fue que las iniciativas de gasto se quedan en miscelánea: están compuestas de elementos más o menos adecuados, pero deshilvanados e insuficientes. Resumiendo, los cambios de contabilidad son oportunos por sus beneficios a largo plazo, en tanto que su debilidad principal es la omisión del uso que tendrán las evaluaciones (particularmente sanciones por incumplimiento). Vista favorablemente, la exposición de motivos es demasiado ambiciosa y, con ojos críticos, tergiversadora. La propuesta obtuvo una calificación apenas por encima de medianía.

Aspectos positivos

Se hizo notar que tanto la presupuestación por resultados como la multianual de inversión son buenas ideas por representar un avance conceptual, pero no deben sobrestimarse porque conllevan dificultades de implementación que les restarán impacto. Esto se sabe por experiencia, ya que han sido aplicadas en nuestro país —contra lo que indica la propuesta, no constituyen innovaciones.

Varios panelistas consideran un avance perceptible la creación del Consejo Nacional de Evaluación encargado de realizar peritajes prospectivos y retrospectivos del proceso presupuestal. En cuanto a la rendición de cuentas, es muy bueno que los resultados de las evaluaciones se vayan a hacer públicos, rompiendo la tradición de que únicamente el Congreso tenga acceso a ellos. La mayoría, sin embargo, tuvo una opinión desfavorable del Consejo por razones que se indican abajo.

Homogeneizar la contabilidad de los tres órdenes de gobierno es sin duda un propósito encomiable. Aunque hará falta perfeccionar los mecanismos en adelante, los beneficios a largo plazo serán enormes.

Adelantar la presentación de la cuenta pública para permitir mejores análisis es muy pertinente. Igual que el punto anterior, se trata de una mejora perfectible que debe reconocerse.

Otro aspecto muy beneficioso de las propuestas es que se hace explícito que las aportaciones del Ramo 33 —de transferencias de la Federación a las entidades— sí pueden ser objeto de rendición de cuentas.

Aspectos negativos

En las iniciativas sobre gasto público, la presupuestación no se presenta con un marco conceptual adecuado que la conciba como un proceso integral (por ejemplo, las reformas constitucionales no incluyen una definición de responsabilidades de los niveles de gobierno y la unificación de métodos contables incluirá sólo a programas federales). Los medios propuestos se ofrecen como si su pertinencia fuera evidente y no se apuntan maneras de saber después si cumplieron su cometido. Se aprecian buenas intenciones que son demasiado optimistas y se quedan en eso; la interpretación alternativa es que el conjunto de medidas de gasto cumple con el expediente de reconocer la importancia del tema en un proyecto destinado a conseguir la aprobación del IETU.

A pesar de que el aspecto básico es la introducción del presupuesto con enfoque a resultados, no se aclaran las consecuencias para las entidades que incumplan con los objetivos que ellas mismas planteen.

El consejo evaluador tendrá dificultades de operación —se propone que sea demasiado grande, en primer lugar— por lo que se le percibe como un remiendo institucional para subsanar las deficiencias de las instancias existentes (en la actualidad las secretarías de Hacienda y de la Función Pública se encargan de la evaluación prospectiva). Implica nuevos costos por gastos administrativos y trámites, sin la seguridad suficiente de que rendirán frutos.

La propuesta de homologación de los sistemas contables de los tres órdenes de gobierno no resuelve las inconsistencias entre la Ley Federal de Presupuesto y Responsabilidad Hacendaria y la Ley de Planeación. Tampoco especifica las responsabilidades de cada uno de ellos. Otro problema similar es que se abrogó la Ley de Presupuesto, Contabilidad y Gasto Público, pero no su Reglamento. Hay varias referencias al Plan Nacional de Desarrollo (PND) que, sin aprobación del Congreso, es «letra muerta».

Quedan sin atacar problemas como el subejercicio de recursos aprobados y la falta de flexibilidad —las empresas públicas y secretarías ejecutoras deben tener cierta libertad que les permita adecuar, dentro de límites razonables, su aplicación del gasto.

No se incluye fortalecer las funciones del Centro de Finanzas Públicas de la Cámara de Diputados, organismo natural de supervisión del proceso presupuestario.

Mejoras necesarias

Los evaluadores subrayaron que se deben tomar en cuenta las enormes diferencias que hay entre los municipios del país al exigir la aplicación del presupuesto por resultados y la homologación contable.

Deben establecerse criterios claros sobre el papel del legislativo en la determinación de las políticas públicas (presupuestación y gasto). La facultad que tiene el Congreso de modificar el presupuesto debe quedar bien reglamentada para evitar controversias constitucionales.

Es fundamental armonizar la Ley Federal de Presupuesto y Responsabilidad Hacendaria con la de Planeación y con disposiciones reglamentarias existentes, ya que la arquitectura de la cuenta pública no tiene nada que ver con la del presupuesto.

Si bien la propuesta avanza en materia de transparencia, se deben establecer sanciones para los casos en que se emplea información fraudulenta para promover una pieza de legislación. Es importante evitar al máximo que con fines políticos se justifiquen cambios arbitrarios.

Es importante que el PND se incluya más plenamente en el proceso presupuestario. Esto implica cambios en la planeación a fin de reglamentar la presupuestación como un proceso continuo. Se tendrá que poner especial cuidado en la vigilancia de las evaluaciones, habida cuenta de que las secretarías de Hacienda y de la Función Pública no realizan adecuadamente sus funciones respectivas (la primera de evaluación *ex ante*, y la segunda tanto de evaluación *ex ante* como *ex post*).

Algunos expertos consideran como un tema de fondo el que por diseño, la política de gasto en nuestro país termina siendo procíclica. Este problema persistirá a menos que se lleve a cabo una revisión profunda con miras a una reforma mayor del sistema.

Calificación

Las modificaciones en materia de gasto público de la Reforma Fiscal de 2007 recibieron una calificación final de 6.0, la primera unidad arriba del punto intermedio entre consideraciones negativas y positivas de la escala de 0 a 10.

5 MODIFICACIONES EN MATERIA DE FEDERALISMO (CONSTITUCIONALES Y LEGALES)

Definición del problema

Uno de los aspectos sobresalientes en este tema es la reforma a la Ley de Coordinación Fiscal (LCF). Se propone que del Fondo General de

Participaciones (FGP), al menos una quinta parte se transfiera a los municipios. Para ilustrar la magnitud de este cambio puede señalarse que en la actualidad el FGP compone el 20% de la Recaudación Federal Participable (RFP), que es la suma de la recaudación de todos los impuestos federales más la recaudación de derechos sobre hidrocarburos y minería. También muy relevante es la propuesta de cambiar la fórmula de distribución de participaciones.

La justificación de los cambios a la fórmula es que «los dos primeros componentes son resarcitorios y el tercero es redistributivo por lo que no provee de incentivos claros a las entidades para aumentar la actividad económica y, por lo tanto, la recaudación... no existe ninguna relación entre las participaciones *per cápita* y las variables utilizadas en ella, o con alguna otra característica de las entidades». Ante este problema se propone, por una parte, fijar como «piso» de las participaciones las que resulten en este 2007 (año de recaudaciones particularmente bajas, según comentaron algunos evaluadores) y, por la otra, distribuir los incrementos en el fondo correspondiente, derivados de una mayor RFP. Este aumento estaría medido a través del crecimiento del PIB de las entidades federativas (con un peso relativo de 60%), de los incrementos en la recaudación local (un peso de 30%) y del nivel de recaudación local (el 10% restante).

Con respecto al IEPS a las gasolinas, se observó que en el ámbito académico se discute actualmente una sobretasa a este tipo de combustibles para enfrentar problemas ambientales, de transporte limpio y de seguridad. Estos objetivos no forman parte de la asignación de recursos que se propone: la iniciativa establece que de los recursos adicionales por impuestos sobre gasolina, 50% vaya a infraestructura para mantenimiento, y una parte a seguridad.

La opinión general es que se trata de una buena idea pero muy limitada. Si bien será positiva para las arcas públicas estatales, se olvida el tema de la contaminación, así como el de inhibir el consumo de la gasolina y mejorar el transporte público. Esta modificación parece dirigida a los gobernadores, quienes solo aprobarían una reforma en caso de haber algo para ellos; como ningún estado pierde y —al menos formalmente— todos pueden mejorar, es previsible su apoyo.

Aspectos positivos

A pesar de no compartir el diagnóstico, la mayoría de los expertos considera que la modificación representa un avance porque luego de una discusión ya larga, se modifica un poco la fórmula de asignación y se faculta a los estados para aplicar impuestos. Considerando que en México existe un gran rezago en el precio de la gasolina y un IEPS negativo, es difícil que haya margen de maniobra político y económico para cubrir el «hoyo» que se abre en las finanzas públicas federales y, además, dar recursos a los Estados para otros fines.

Aspectos negativos

Los evaluadores resaltaron varios elementos cuestionables sobre el uso del crecimiento del PIB como criterio de asignación de las participaciones. El primero es que aumenta excesivamente la proporción de recursos asignados de acuerdo a criterios no fiscales. Actualmente, el crecimiento poblacional por entidad representa el 45.17% del FGP, en tanto que la propuesta llevará a 60% la proporción del FGP relacionada con el PIB.

Al establecer que 6 de cada 10 pesos de participaciones se distribuyan de acuerdo a la evolución del PIB, se hace del Instituto Nacional de Estadística, Geografía e Informática (INEGI) fuente indiscutible de la estimación del crecimiento del PIB. Varios panelistas indicaron que las estimaciones del INEGI son, no erróneas, sino razonablemente cuestionables bajo criterios técnicos; por lo que la decisión insertaría un elemento discrecional en el sistema. Junto con esto, se tiene el problema de la oportunidad de los datos: el año más reciente de la serie del PIB por entidad es 2004 (si la iniciativa fuera ley desde este año, las participaciones de 2007 se distribuirían de acuerdo a indicadores de hace tres).

Otro inconveniente de tomar como criterio de distribución de participaciones el crecimiento del PIB es que se asumen dos supuestos erróneos: a) la política económica federal es neutral en cuanto a sus impactos regionales, y b) la política económica de cada entidad determina la mayor parte del crecimiento económico de su unidad territorial.

Las nuevas facultades conferidas a lo estados les producirán ventajas inciertas. No es realista suponer que todos tienen la infraestructura necesaria para implementar los cambios (si hoy en día no pueden manejar adecuadamente los impuestos locales, ¿por qué podrían recaudar este impuesto si no se les provee de una mayor capacidad operativa?). Esto naturalmente implica un efecto distributivo a favor de las entidades más prósperas. Así pues, el tema central de la medida no es el federalismo fiscal sino la capacidad recaudatoria de los estados.

En la fórmula de fomento municipal se incorpora el concepto de recaudación de predial y derechos de agua. Esto es un error ya que no contempla la heterogeneidad de los municipios, muchos de los cuales tienen un potencial de captación muy reducido. Además, se ignora el gran problema de los derechos de propiedad en la mayor parte de nuestro territorio: no se indica cómo hacer un padrón de municipios para cobrar este impuesto (a nivel de entidad, únicamente el Distrito Federal cobra un impuesto predial significativo).

Como resumen de lo anterior, puede decirse que la propuesta del LCF enfatiza incorrectamente su aspecto resarcitorio a expensas del redistributivo. De aprobarse en sus términos, las diferencias regionales no se reducirán —como plantea la inicativa—, sino al parecer será al contrario.

La reducción de los conceptos que forman la RFP no necesariamente reduce el monto total de participaciones, pero sí afecta el monto de los fondos III (aportaciones para infraestructura social), IV (aportaciones para el fortalecimiento de los municipios), V (aportaciones múltiples) y VIII (aportaciones para el fortalecimiento de las entidades federativas), todos ellos considerados en el Ramo 33 del Presupuesto de Egresos de la Federación y en el capítulo V de la Ley de Coordinación Fiscal y que están referenciados a un porcentaje determinado de la RFP.

Por otra parte, la iniciativa desaparece como participaciones (recursos no etiquetados para algún renglón del gasto) los fondos de la coordinación en derechos y la reserva de contingencia, que constituyen en la actualidad el 1% y el 0.25% de la RFP, respectivamente. Tales asignaciones se suman al FGP, que es el 20% de la RFP. En cambio propone crear un «Fondo de Fiscalización» con el que se premie pecuniariamente las labores de fiscalización de las entidades. Dada la heterogeneidad de la capacidad recaudatoria de los estados, esta fórmula tiende a ser regresiva regionalmente.

La justificación del impuesto es incompleta al no considerar ecología y transporte limpio, sino sólo infraestructura y seguridad. Algunos panelistas consideran que se debería invertir alrededor del 50% de los aumentos en recaudación en transporte público.

Es equivocado eliminar la tenencia porque es un impuesto altamente progresivo. La motivación es enteramente política porque es un impuesto impopular —aunque efectivo, por eso lo conservarán hasta 2014.

Varios de los planteamientos anteriores se fundamentan en deficiencias específicas de las fórmulas que la iniciativa establece para la asignación de recursos. Aunque para el lector no especializado pueden resultar de poco interés, presentamos las siguientes observaciones por su indudable importancia para el legislador.

a) El mecanismo para garantizar que estados y municipios no serán afectados estriba en no modificar sus ingresos actuales de origen federal y solamente aplicar la nueva fórmula a los ingresos adiciona-les. Sin embargo, la fórmula planteada no recoge este ofrecimiento ya que el nuevo mecanismo de distribución se aplica a los incrementos nominales y no a los incrementos reales. Por lo tanto, los ingresos reales de los gobiernos subnacionales sí se modificarán. En la fórmu-la de distribución del FGP,

$$P_{i,t} = P_{i,07} + \Delta FGP_{07,t}(0.6C1_{it} + 0.3C2_{i,t} + 0.1C3_{i,t})$$

el primer componente del lado derecho, P_{i07}, se define en términos nominales cuando debería estar en términos reales. Lo mismo aplica para el incremento representado por el término $\Delta FGP_{07,t}$. De hecho, el error de plantear las distintas variables en términos nominales en lugar de reales persiste en las distintas fórmulas de toda la iniciativa.

b) La propuesta se propone introducir los incrementos en la actividad económica, los incrementos en la recaudación de ingresos propios y los ingresos propios como los nuevos criterios de distribución. Sin embargo, la fórmula no cumple con sus objetivos para capturar tales fines.

c) Se pretende capturar el efecto del crecimiento del PIB *per cápita* por el componente $C1_{it}$; puede observarse, no obstante, que la fórmula correspondiente,

$$C1_{it} = \frac{\dfrac{PIB_{it-1}}{PIB_{it-2}} n_i}{\displaystyle\sum_i \dfrac{PIB_{it-1}}{PIB_{it-2}}}$$

está mal planteada, pues la razón de las tasas de crecimiento bruto del PIB estatales a nacionales (nuevamente en términos nominales) nos da un factor que se encuentra alrededor de 1. Se tiene entonces que al multiplicar esto por el porcentaje de cada estado en la pobla-ción nacional, el segundo efecto es el que domina y la distribución se vuelve idéntica a la distribución de la población.

d) El segundo componente de la fórmula,

$$C2_{it} = \frac{\Delta IE_{it}n_i}{\displaystyle\sum_i \Delta IE_{it}n_i} \qquad\qquad \Delta IE_{it} = \frac{1}{3}\sum_{j-1}^{3}\frac{IE_{it-j}}{IE_{it-j-1}}$$

tiene un problema técnico bastante delicado: confunde la tasa de crecimiento promedio con el promedio de las tasas de crecimiento (como se expresa en la fórmula), las cuales son siempre distintas excepto en los casos de crecimiento lineal. La fórmula correcta para el crecimiento promedio entre el periodo A y el periodo A_{+3} es la siguiente:

$$r = [(^{A_{+3}}/_{A})^{1/3} - 1]*100$$

e) Las imprecisiones anteriores (referenciar las variables a sus valores nominales en vez de los reales, el nulo efecto del PIB en el primer coeficiente, y el error al definir la tasa de crecimiento promedio de una variable), aunadas a la inexistencia tanto de cifras consolidadas de ingresos propios, como de una contabilidad homogénea para la clasificación de los mismos, introducen una gran incertidumbre sobre el efecto final que esta propuesta podría tener en las finanzas locales.

Calificación

Los decretos sobre federalismo de la Reforma Fiscal obtuvieron una calificación de 5.3, en una escala de 0 a 10. Esto significa que sus aspectos negativos y positivos son más o menos equivalentes.

6 OBSERVACIONES Y RECOMENDACIONES FINALES

El eje fundamental de cualquier sistema tributario en el mundo es el de maximizar la recaudación sujeto al marco legal vigente, con el fin de proveer los recursos suficientes para financiar las actividades del Estado. Para funcionar correctamente, el sistema debe incorporar ciertas premisas de incentivos e información que, en la medida de lo posible, eviten distorsionar la toma de decisiones de los agentes económicos. Hay acuerdo en que deben cumplirse los siguientes principios:

- Equidad: tanto horizontal, que significa gravar igual a todos los agentes que tengan la misma capacidad contributiva, como vertical, que implica gravar más a los agentes con mayor capacidad contributiva.
- Eficiencia: la política tributaria debe interferir lo menos posible en la toma de decisiones de los agentes económicos. En el caso del ISR, decidir entre trabajar o descansar, y en el caso del IVA, decidir entre consumir o ahorrar.
- Competitividad: implica cuidar que la tasa efectiva del ISR esté en línea con los principales socios comerciales para disminuir el arbitraje de los factores móviles, sobre todo del capital.

· Simplicidad: el sistema fiscal debe estar bien estructurado y ser fácil de administrar, con el fin de minimizar el costo de cumplimiento de los contribuyentes.

Está claro que el Sistema Tributario Mexicano, aunque con algunos avances, continúa siendo un sistema complejo que no satisface los criterios mencionados, principalmente los de equidad, eficiencia y simplicidad: se tienen tasas diferenciadas en algunos impuestos, tratamientos preferenciales que gozan algunas ramas productivas, o regímenes especiales como el de pequeños contribuyentes o el simplificado, aplicado al sector primario o autotransporte.

La propuesta de reforma fiscal del Ejecutivo, si bien constituye un avance, dista mucho de resolver los problemas fundamentales del sistema impositivo mexicano. Es necesario tomar en cuenta elementos básicos para incorporarlos a la discusión de una de reforma fiscal, con el fin de elevar efectivamente los ingresos.

Quizá la prioridad debe ser mejorar la fiscalización tributaria porque la efectividad de cualquier política fiscal depende de ella. Para lograrlo, se tiene que enfrentar una serie de problemas en distintas áreas relacionadas: registro y localización de causantes, asignación de obligaciones, disponibilidad de información, facturación, uso de efectivo, acreditamiento de pérdidas fiscales, coadyuvantes, impuestos coordinados y corrupción, entre otros.

La bancarización del sistema y el límite al uso de efectivo, así como la disponibilidad de información financiera son determinantes para mejorar el conocimiento de los contribuyentes y aumentar la conciencia de riesgo. En un gran número de países de la OCDE, las autoridades están facultadas para utilizar la información financiera en sus actividades de vigilancia y programación de actos de fiscalización. Deberíamos explorar la aplicación de estos esquemas con vistas a su eventual aplicación en México.

Las facturas son para el sistema impositivo, lo mismo que los cheques para el sistema bancario, ya que constituyen el instrumento para comprobar ingresos y deducciones. El esquema actual es sumamente laxo, ya que adolece de ciertos elementos de riesgo que dan ocasión a fraudes. Además, es relativamente bajo el nivel existente de sanciones a las faltas por incumplir con la emisión de los comprobantes fiscales. Nuestro país podría seguir a otros en la práctica de establecer criterios para discriminar grupos de contribuyentes por el riesgo potencial de un mal uso de los comprobantes y regularlos por medio de montos máximos de facturación, vigencia de las mismas y cantidad a autorizar, entre otras medidas.

Las pérdidas fiscales pendientes de aplicar son otro rubro a vigilar pues representan un pasivo muy elevado que limita la recaudación actual y futura, y dadas las deficiencias del marco regulatorio no se garantiza que el saldo de las pérdidas sea genuino.

En el aspecto jurídico, existe un factor que juega en contra de la autoridad fiscal: el contribuyente cuenta con diversas instancias hasta la declaración de firmeza o cosa juzgada, lo cual impacta en la recaudación.

En cuanto al federalismo fiscal, debido a que los estados son agentes facultados para intervenir en distintas etapas del ciclo tributario (como vigilancia de obligaciones, fiscalización y administración del segmento entero de pequeños contribuyentes), es necesario que la Federación vigile y respalde la capacidad que tienen para cumplir cabalmente con estas facultades.

Finalmente, debe contemplarse el problema de la corrupción, también presente en el ámbito fiscal. Existe un gran riesgo en todas las etapas del ciclo tributario de que los funcionarios, despachos fiscalistas y contribuyentes actúen en conjunto para disminuir la carga fiscal de éstos últimos. Para evitarlo, se necesita generar incentivos correctos y fomentar la ética profesional y ciudadana.

LOS EVALUADORES

FERNANDO CALZADA
- Maestría en docencia económica.
- Curso-especialidad en política presupuestal.
- Diplomado en finanzas públicas locales para la competitividad y el desarrollo.
- Licenciatura en economía.

ESTUDIOS

- Secretario de finanzas del gobierno del Estado de Tabasco.
- Secretario de planeación y finanzas del gobierno del Estado de Tabasco.
- Secretario de finanzas del gobierno del Estado de Tabasco.
- Coordinador general del comité de planeación para el desarrollo de Tabasco.
- Coordinador del Centro de Estudios del Desarrollo Económico de la FE-UNAM.
- Rector de la Universidad Popular de la Chontalpa.

ACTIVIDADES ACADÉMICAS/ PROFESIONALES

- Catedrático de la Universidad Juárez Autónoma de Tabasco.
- Profesor de la facultad de economía de la UNAM.

ÁREAS DE INTERÉS   Finanzas públicas, política presupuestas.

Mario Cantú Suárez

ESTUDIOS
- Maestría en economía (con créditos doctorales en economía y finanzas públicas), University of Pennsylvania, Philadelphia, PA., 1982.
- Licenciatura en economía, Universidad Autónoma de Nuevo León, 1979.

ACTIVIDADES ACADÉMICAS/ PROFESIONALES
- Titular del Órgano Interno de Control, P.M.I. Comercio Internacional S.A. de C.V., Secretaría de la Función Pública, febrero 2008 a la fecha.
- Consultor en inteligencia tributaria a gobiernos estatales, 2007-2008.
- Administrador general de Auditoría Fiscal Federal, SAT, 2003- 2006.
- Subdirector general de Administración del Agua, Comisión Nacional del Agua, 2001-2003.
- Administrador general de Auditoría Fiscal Federal, SAT, 1999-2000.
- Director general de Política de Ingresos por la Venta de Bienes y la Prestación de Servicios Públicos, SHCP, 1998-1999.
- Director general de Política de Ingresos, SHCP, 1997- 1998.
- Coordinador general de Políticas, Estudios y Estadísticas del Trabajo, Secretaría del Trabajo y Previsión Social, 1994-1996.
- Director de Finanzas, Leche Industrializadas CONASUPO, S.A. de C.V. (LICONSA), 1992- 1994.
- Asesor Económico, Presidencia de la República, 1989-1991.
- Director de Operaciones, CIEMEX-WEFA, Wharton Econometric Forecasting Associates, Philadelphia, PA., 1987- 1989.
- Gerente de Análisis Econométrico de Corto Plazo, Wharton Econometric Forecasting Associates, Inc., Philadelphia, PA., 1985-1987.
- Presidente del Instituto de Economistas Egresados de Instituciones de Educación Superior del Estado de Nuevo León, A.C., Agosto 1998 a la fecha.
- Ha sido profesor de asignatura en la UIA, el Instituto Nacional de Administración Pública, y en la maestría en economía de la UAM (Azcapotzalco).
- Beca de la Universidad de Pennsylvania para realizar estudios doctorales.
- Orador principal en varios congresos regionales de la Asociación

Nacional de Economistas de Negocios de Estados Unidos (NABE), en Texas, Illinois y Pennsylvania.
- Orador huésped en consejos de administración de empresas transnacionales (General Electric, Ciba-Geige Mexicana).

Finanzas públicas, teoría monetaria, gerencia pública, teoría macroeconómica.

ÁREAS DE INTERÉS

JORGE CHÁVEZ PRESA
- Doctorado en economía, Ohio State University.
- Maestría en economía, Ohio State University.
- Licenciatura en economía, ITAM.

ESTUDIOS

- Consultor especializado en temas de finanzas públicas, presupuesto y energía.
- Diputado Federal por el PRI en la LVIII Legislatura.
- Director general de Política Presupuestal y jefe de la Unidad de Política y Control Presupuestal, SHCP.
- Director de Planeación Financiera y Deuda Pública, SHCP.
- Subsecretario de Política y Desarrollo de Energéticos, Secretaría de Energía, 1988 -2000.
- Vicepresidente del Comité de Administración Pública de la OECD.
- Catedrático en el ITAM.

ACTIVIDADES ACADÉMICAS/ PROFESIONALES

Economía política en México, finanzas públicas.

ÁREAS DE INTERÉS

Para recobrar la confianza en el gobierno: hacia la transparencia y mejores resultados con el presupuesto público, edición privada, México, 2000.
«Hacia el federalismo fiscal en México», *Gestión y Políticas Públicas* (coautor), 1996.

PUBLICACIONES RECIENTES

JORGE COVARRUBIAS BRAVO
- Licenciatura en derecho, Escuela Libre de Derecho, 1978.

ESTUDIOS

- Socio de Parás, S.C.,
- Representante del sector empresarial ante las autoridades fiscales.
- Miembro del Centro de Estudios Económicos del Sector Privado (CEESP).

ACTIVIDADES ACADÉMICAS/ PROFESIONALES

ÁREAS DE INTERÉS　Consultoría fiscal, litigio.

CARLOS ELIZONDO MAYER-SERRA

ESTUDIOS
- Doctorado en ciencia política, Universidad de Oxford.
- Maestría en ciencia política, Universidad de Oxford.
- Licenciatura en relaciones internacionales, El Colegio de México.

ACTIVIDADES ACADÉMICAS/ PROFESIONALES
- Profesor investigador, División de Estudios Políticos, CIDE, 1991 a la fecha.
- Representante permanente y Embajador de México ante la OECD, 2004-2006.

ÁREAS DE INTERÉS　Economía política, economía política en México, política comparada, política mexicana, reforma tributaria desde una perspectiva política.

PUBLICACIONES RECIENTES

El balance macroeconómico: una perspectiva política (coautor), Liga de Economistas, México, 2007.

«El derecho a la protección de la salud», en *Salud Pública en México*, 49, México, 2007.

«La economía política de dos siglos de crecimiento mediocre», Instituto de Investigaciones Históricas (IIH), UNAM, 2007.

«Razones y reacciones de la nacionalización de la banca», en Amparo Espinosa y Enrique Cárdenas (editores), *La nacionalización bancaria, 25 años después* (tomo II), CEEY, México, 2007.

«After the Second of July: Challenges and Opportunities of the New Government in Mexico at the Millennium», Woodrow Wilson Center for Scholars, Washington, DC, 2002.

GERARDO ESQUIVEL

ESTUDIOS
- Doctorado en economía, Universidad de Harvard, 1997.
- Maestría en economía, El Colegio de México, 1991.
- Licenciatura en economía, UNAM, 1989.

ACTIVIDADES ACADÉMICAS/ PROFESIONALES
- Profesor investigador, El Colegio de México, 1998 a la fecha.
- Investigador, Harvard Institute for International Development (HIID).
- Investigador visitante, Fondo Monetario Internacional.
- Investigador visitante, Banco de México.
- Consultor para el Banco Mundial, el Banco Interamericano de Desa-

rrollo y el Programa de Desarrollo de Naciones Unidas.
- Evaluador de múltiples programas de la Secretaría de Desarrollo Social y la Secretaría de Economía.
- Asesor económico del Secretario de finanzas del Gobierno del Distrito Federal, 2004-2005.
- Recibió el Premio de Investigación en Ciencias Sociales 2005 que otorga la Academia Mexicana de Ciencias.
- Profesor de asignatura en la Facultad de Economía de la UNAM.

Análisis macroeconómico, crecimiento económico, desarrollo regional, pobreza y desigualdad.

ÁREAS DE INTERÉS

Growth, Protectionism and Crises: Latin America from a Historical Perspective (autor y co-editor), NBER-University of Chicago Press, 2007.
«Remittances and Poverty in Mexico: A Propensity Score Matching Approach» [con Alejandra Huerta], *Integration and Trade Journal*, July-December, 2007.
Microeconomía. Versión para Latinoamérica (coautor). Ed. Pearson Educación, México, 2006.
Macroeconomía. Versión para Latinoamérica (coautor). Ed. Pearson Educación, México, 2006.
«Crecimiento económico, desarrollo humano y desigualdad regional en México, 1950-2000» (coautor), en L. F. López Calva y M. Székely (comps.), *Medición del Desarrollo Humano en México*, FCE, 2006.
«México: en pos del crecimiento», en José A. Aguilar Rivera (ed.) *México: Crónicas de un País Posible*, FCE/CONACULTA, 2005.

PUBLICACIONES RECIENTES

JOSÉ LUIS FERNÁNDEZ
- Licenciatura en contaduría pública, UIA, 1984.

ESTUDIOS

- Socio de Chevez, Ruiz, Zamarripa y Cia., S.C. (consultoría fiscal), 1989 a la fecha.
- Presidente del Comité Nacional Técnico Fiscal, IMEF, 2002-2004.
- Presidente de la Comisión Fiscal del Instituto Mexicano de Contadores Públicos, 1993-1995.
- Miembro del Comité Fiscal del Instituto Mexicano de Ejecutivos de Finanzas desde 1994 y de la Comisión Fiscal del Instituto Mexicano de Contadores Públicos desde 1988.
- Miembro de la Mesa Directiva, Comité Fiscal del Capítulo de la

ACTIVIDADES ACADÉMICAS/ PROFESIONALES

ciudad de México, IMEF, 1996 a la fecha.
- Miembro del Consejo Asesor Fiscal de la SHCP, 1995-1996.
- Profesor de asignatura en la Universidad Anáhuac, en el ITAM y en la UIA.
- Ha dictado numerosas conferencias en materia fiscal en foros nacionales, organizados por la profesión contable, y por instituciones del sector privado. Ha publicado diversos artículos en materia fiscal en medios de comunicación de la profesión contable.

ÁREAS DE INTERÉS Derecho fiscal, política fiscal.

FAUSTO HERNÁNDEZ TRILLO

ESTUDIOS
- Doctorado en economía, Universidad del Estado de Ohio, 1991.
- Maestría en economía, Universidad del Estado de Ohio, 1987.
- Licenciatura en economía, UNAM, 1985.
- Licenciatura en administración, UAM, 1983.

ACTIVIDADES ACADÉMICAS/ PROFESIONALES
- Investigador, CIDE, División de Economía, 1996 a la fecha.
- Visiting Chair, Center for the Study of Western Hemisphere Trade, University of Texas at Austin, 2001.
- Asesor externo, SAT, SHCP, 1999-2000.
- Director y Profesor investigador, División de Economía, CIDE, 1998-2000.
- Asesor externo del subsecretario de egresos, SHCP, 1996-1998.
- Director general adjunto, Unidad de Política y Control Presupuestal, SHCP, 1995.
- Especialista de investigación y desarrollo, Bolsa Mexicana de Valores, 1994-1995.
- Profesor-investigador, Universidad de las Américas-Puebla, 1991-1994.
- Asesor externo del secretario de comercio y fomento industrial, 1992-1993.
- Instructor de economía, Universidad Estatal de Ohio, 1986-1991.
- Asesor, Asociación Rural de Interés Colectivo «Libertad», 1985-1986.
- Colaborador del periódico El Día, 1985-1986.
- Jefe del Departamento de Estudios Económicos, Coordinación General de Transporte, Departamento del Distrito Federal, 1983-1985.
- Miembro del SNI, Nivel III.

Macroeconomía, finanzas, estudios del sistema financiero, deuda
    pública nacional y estatal.

ÁREAS DE INTERÉS

«Is Local Beautiful?: Fiscal Decentralization in México» *World Develop-
    ment*. Por aparecer, Agosto 2008.
(Con Juan Manuel Torres Rojo), «Definición de responsabilidades,
    rendición de cuentas y eficiencia presupuestaria en México», *Revista
    Mexicana de sociología*, 68:1, 2006.
(Con José Pagán y Julia Paxton), «Start Up Capital and Technical
    Efficiency in Microentreprises in Mexico», *Review of Development
    Economics*, E.E.U.U., Agosto 2005.
(Con Kevin Grier), «The Real Exchange Rate and its Real Effects: The
    Cases of Mexico and the USA», *Journal of Applied Economics*, VII,
    Argentina, 2004.

PUBLICACIONES
RECIENTES

ARTURO HERRERA
- Candidato a doctor en economía, New York University, 1996.
- Maestría en economía, El Colegio de México, 1991.
- Licenciatura en economía, UAM, 1988.

ESTUDIOS

- Director de Banca de Gobierno, IXE Grupo Financiero, Mayo 2007 a
  la fecha.
- Secretario de Finanzas, Gobierno del Distrito Federal (GDF),
  2004-2006
- Director General de Administración Financiera, Secretaría de Finan-
  zas del GDF, 2001-2004.
- Miembro del Equipo de Transición del Jefe de Gobierno Electo, 2000.
- Subdirector de Estudios Macroeconómicos, Dirección General de
  Planeación Hacendaria, SHCP, 2000.
- Subdirector de Estudios Económicos Internacionales, Dirección
  General de Asuntos Hacendarios Internacionales, SHCP, 1999-2000.
- Profesor de asignatura, El Colegio de México, 1999-2004 y
  2000-2006.
- Profesor de asignatura, Universidad de Nueva York, 1995-1998.
- Profesor de asignatura, Universidad Autónoma del Estado de Hidal-
  go, 1993 y 1995.
- Profesor de asignatura, UNAM, 1995.

ACTIVIDADES
ACADÉMICAS/
PROFESIONALES

Macroeconomía, finanzas públicas, política económica.

ÁREAS DE INTERÉS

PABLO MENDOZA GARCÍA

ESTUDIOS
- Licenciatura en contaduría pública (mención honorífica), Universidad La Salle, 1978-1982.
- Diplomado en impuestos, ITAM, 1984.

ACTIVIDADES ACADÉMICAS/ PROFESIONALES
- Socio de Gossler, S.C. Nexia International, adscrito en oficina México, área fiscal, 1989 a la fecha.
- Actualmente es Vicepresidente General del Instituto Mexicano de Contadores Públicos, A.C.
- Auditor para efectos fiscales 5698.
- Auditor para efectos del IMSS 0448-DI-S3.
- Auditor para efectos del INFONAVIT 00489.
- Auditor para efectos de Contribuciones Locales D-60/96-149.
- Especialista en concursos mercantiles otorgado por el Instituto Federal de Especialistas de Concursos Mercantiles (IFECOM). 7-1-09-01-0203-5
- Perito Tercero en Materia Contable ante el Tribunal Federal de Justicia Fiscal y Administrativa.
- Socio del Colegio de Contadores Públicos de México, A.C.
- Socio del Instituto Mexicano de Contadores Públicos, A.C.
- Coordinador y catedrático del área de impuestos de La Universidad La Salle, A.C., 1983-1988.
- Catedrático de la materia de impuestos en la UNAM, 1984-1988.

ÁREAS DE INTERÉS
Política impositiva, derecho fiscal.

PUBLICACIONES RECIENTES
Manual del régimen simplificado (coautor), Instituto Mexicano de Contadores Públicos, A.C.
Manual para la defensa del contribuyente (coautor), Instituto Mexicano de Contadores Públicos, A.C.
El contador público en la determinación del grado de riesgo (coautor), Instituto Mexicano de Contadores Públicos, A.C.
Operaciones financieras derivadas, Bolsa Mexicana de Valores.

EDUARDO REVILLA

ESTUDIOS
- Licenciatura en derecho (*summa cum laude*), Escuela Libre de Derecho, 1987.

ACTIVIDADES
- Socio de Calvo, González Luna, Moreno, y Revilla, S.C., 1998 a la fecha.

- Director de Política Fiscal Internacional, SHCP, 1991-1993.
- Representante ante Estados Unidos y Canadá de la SHCP, 1993-1994.
- Subprocurador Fiscal de Amparos, SHCP, 1995-1996.
- Director General de Asuntos Fiscales Internacionales, SHCP, 1996-1998.
- Presidente del grupo de expertos fiscales en la negociación del Acuerdo Multilateral de Inversión y del grupo de trabajo del tratamiento fiscal en los acuerdos no fiscales (OCDE).
- Profesor de asignatura en la Escuela Libre de Derecho, 1992 a la fecha.
- Profesor de asignatura en la UIA, 1988-2000.
- Profesor de asignatura en el International Tax Program de la Universidad de Harvard-ITAM, 1997-2000.
- Miembro de la International Fiscal Association.
- Miembro del Advisory Board, George Washington University.
- Miembro del IRS Institute on Current Issues in International Taxation, 1996-1997.

ACADÉMICAS/ PROFESIONALES

Derecho fiscal nacional e internacional, comercio internacional.

ÁREAS DE INTERÉS

Estudios tributarios, (coautor), México, 2001.

PUBLICACIONES RECIENTES

RICARDO SAMANIEGO BREACH
- Candidato a doctor en economía, Universidad de Chicago, 1983.
- Maestría en economía, Universidad de Chicago, 1980.
- Licenciatura en economía, ITAM, 1978.

ESTUDIOS

- Director del Centro de Economía Aplicada y Políticas Públicas del ITAM, 2002 a la fecha.
- Profesor investigador de tiempo completo, ITAM, 1983-1991 y 2001 a la fecha.
- Investigador visitante, UCLA (1989-1990).
- Investigador visitante, Laboratorio de Energía, Massachusetts Institute of Technology (MIT), 1981-1982.
- Coordinador de Asesores del Secretario de Energía; Jefe de la Unidad de Políticas y Programas Energéticos; Jefe de la Unidad de Apoyo al Sector Operativo; Subsecretario Interino de Política y Desarrollo de Energéticos; Presidente de la Junta de Gobierno del Instituto Nacional de Investigaciones Nucleares; Presidente del Comité de Comercio

ACTIVIDADES ACADÉMICAS/ PROFESIONALES

Exterior de Petróleo; Secretario de la Junta de Gobierno de la CFE; Secretario de la Junta de Gobierno de Luz y Fuerza del Centro; Jefe de la Delegación Mexicana, Reunión de Ministros de la OPEP, Viena 1998, *Secretaría de Energía*, 1997-2001.
- Director de Modernización y Cambio Estructural, CFE, 1998-1999.
- Coordinador de Asesores del Secretario de Finanzas; Director General de Administración Financiera; Director General del Comité de Planeación del Desarrollo del Distrito Federal; Coordinador de Asesores del Secretario de Planeación y Evaluación del Distrito Federal; Secretario Técnico del Pacto para el Crecimiento y la Estabilidad Económica del Distrito Federal, Gobierno del Distrito Federal, 1991-1997.
- Consultor del Banco Mundial, 1983-2005.
- Consultor del Banco Interamericano de Desarrollo, 2002.
- Economista, Fondo Monetario Internacional, 1980 y 1981.

ÁREAS DE INTERÉS   Políticas públicas, economía urbana, economía de la energía, economía del medio ambiente, productividad.

PUBLICACIONES RECIENTES   «El impacto económico de las importaciones mexicanas de carne procedentes de Estados Unidos. Un caso de estudio del TLCAN a sus 13 años.», en la *Gaceta de Economía*, año 13, num. 23, ITAM, otoño 2007.

«El rol de las instituciones en el desarrollo económico de México: elementos analíticos y propuestas para su fortalecimiento», en Ibergop-México, El Fortalecimiento Institucional de México, Ibergop e ITAM, Editorial Porrúa, 2006.

Romo, David, Omar Romero y Ricardo Samaniego, *Industria y medio ambiente en México: hacia un nuevo paradigma para el control de la contaminación*, ITAM y H. Cámara de Diputados y Miguel Ángel Porrúa, 2005.

Fernández, Arturo, Victor Blanco, Rafael Fernández de Castro y Ricardo Samaniego Breach (compiladores), *Profundización de la integración económica de México: análisis y recomendaciones en los ámbitos económico, jurídico-institucional y político*, Ibergop e ITAM, Editorial Porrúa, 2005.

Francisco Suarez Dávila

ESTUDIOS
- Maestría en economía, Cambridge University, 1965-1967.
- Licenciatura en derecho, UNAM, 1961-1965.

- Representante de México ante la OCDE en París, Francia. 1997-2000.
- Diputado Federal en la LIX Legislatura de la H. Cámara de Diputados del Congreso del la Unión 1994-1997.
- Subsecretario de Hacienda y Crédito Público, 1982-1988.
- Director General de Banco Obrero, S.A. 1992-1994.
- Director General de Banco Mexicano Somex, 1988-1992.
- Gerente General de Asuntos Internacionales del Banco de México.
- Miembro del Consejo de Administración de Fundación UNAM, 2001.
- Profesor de la UIA, 2002.
- Profesor del Colegio de México, 2001-2002.
- Profesor de Economía en la UNAM, 1970-1971.

ACTIVIDADES ACADÉMICAS/ PROFESIONALES

Política económica, finanzas públicas.

ÁREAS DE INTERÉS

«Convención en el purgatorio», Aguilar, León y Cal Editores, México, D.F., 1994.

«Eduardo Suárez: comentarios y recuerdos 1926-1946», *Senado de la República*, 2a ed. México, 2003.

(Con Gustavo A. Del Ángel Mobarak y Carlos Bazdresch Parada) «Cuando el estado se hizo banquero: consecuencias de la nacionalización bancaria en México» FCE, México, 2005.

PUBLICACIONES RECIENTES

ALEJANDRO VILLAGÓMEZ AMEZCUA
- Doctorado en economía, Washington University, 1992.
- Maestría en economía, Washington University, 1988.
- Licenciatura en economía, Facultad de Economía, UNAM, 1981.

ESTUDIOS

- Secretario Académico, CIDE, 2004-2007.
- Director, División de Economía, CIDE, 2000-2003.
- Coordinador del Grupo Mexicano para el Desarrollo de Mercados Financieros de la PECC (Pacific Economic Cooperation Council), 1995-1998.
- Consultor externo del Banco Interamericano de Desarrollo (BID), Washington DC.
- Consultor de la CEPAL- México y CEPAL-Santiago.
- Miembro del SNI, nivel II.
- Miembro de la Latin American and Caribbean Economic Association.
- Miembro del Consejo Técnico Asesor del Centro de Estudios Económicos del Sector Privado (CEESP).

ACTIVIDADES ACADÉMICAS/ PROFESIONALES

- Miembro del Consejo Asesor Académico de la Federación Internacional de Administradoras de Fondos de Retiro (FIAP).
- Ha sido profesor de asignatura en el CIDE, UNAM, ITESM y en Washington University.
- Comentarista económico de Canal 11 y columnista de El Universal.

ÁREAS DE INTERÉS   Macrofinanzas, ahorro, sistemas de pensiones, sistema financiero, política fiscal y deuda pública, inversión privada en servicios públicos.

PUBLICACIONES
RECIENTES

La economía en los Estados Unidos Mexicanos, Nostra Editores, 2007.

«The Structural Budget Balance: A Preliminary Estimation for Mexico», en Applied Economics, 2007.

«Reforma al sistema de pensiones del ISSSTE» en Investigación Económica, 2005.

«La estructura de la deuda pública en México» (coautor), Revista de Análisis Económico, 2001.

La seguridad social en México (coautor), FCE, 1999.

«Pension System Reform: The Mexican Case» (coautor), en Martin Feldstein (editor), Privatizing Social Security, NBER y The University of Chicago Press, 1998.

EVALÚA Y DECIDE. EVALUACIONES 2007 se terminó
de imprimir en los talleres gráficos de Solar Servicios Editoriales,
S.A. de C.V., calle 2 número 21, San Pedro de los Pinos, ciudad de
México, en el mes de diciembre de 2008. Para componer el libro
se utilizó el programa Adobe InDesign CS2 y las tipografías Qua-
draat y Formata. Diseñado por el Centro de Estudios Avanzados
de Diseño, A.C.: www.cead.org.mx.